六西格玛管理概论

第2版

亓四华 编著

Six Sigma

中国科学技术大学出版社

内容简介

六西格玛管理作为国际上流行且行之有效的管理方法,日益引起人们的重视。本书介绍了六西格玛管理的起源与发展,重点阐述了六西格玛管理的理论基础、基本原理、业绩度量指标、常用工具与方法及如何实施六西格玛管理。

本书可作为高等学校机械制造、测控技术、仪器仪表和管理类相关专业本科生及MBA学生的教学参考书,也可供科研单位和企业从事企业管理、质量工程、计量检定、产品检验等相关人员使用。

图书在版编目(CIP)数据

六西格玛管理概论/亓四华编著. —2版. —合肥:中国科学技术大学出版社, 2017.2(2020.1重印)

ISBN 978-7-312-04137-2

Ⅰ.六… Ⅱ.亓… Ⅲ.产品质量—质量管理 Ⅳ.F273.2

中国版本图书馆 CIP 数据核字(2017)第 012329 号

出版	中国科学技术大学出版社 安徽省合肥市金寨路96号,230026 http://press.ustc.edu.cn https://zgkxjsdxcbs.tmall.com
印刷	合肥市宏基印刷有限公司
发行	中国科学技术大学出版社
经销	全国新华书店
开本	710 mm×1000 mm 1/16
印张	12.25
字数	254 千
版次	2008年8月第1版 2017年2月第2版
印次	2020年1月第5次印刷
定价	36.00元

再 版 前 言

六西格玛中的西格玛(σ)是希腊字母Σ(西格玛)的小写形式,在数理统计中作为测量的统计单元反映产品或服务波动性的一种度量,统计学上称为标准偏差。标准偏差是用来表示任意一组数据或过程与标准之间差异程度的指标。在质量管理中,σ用于表达缺陷或失败的可能程度,即反映组织的质量水平。

自1924年美国质量管理专家休哈特提出质量控制理论以来,通常把质量控制的规格界限设定在$\pm 3\sigma$(3倍标准差),称为3σ管理。在理想状态下,3σ管理的质量控制水平可达到一百万个产品中的废品数为2 700个,合格率最高为99.73%。这看起来是一个很高的质量水平了,但在许多情况下还是很不够的。例如某一设备由100个零件组成,即使每种零件的合格率都达到99.73%,整个设备的合格率也仅为76.31%。设备的组成零件越多,则合格率越低,可见3σ质量水平并不令人满意。

随着时代的进步和市场经济的发展,人们在不断地追求更高的质量水平,20世纪80年代以来,美国摩托罗拉和通用电气等世界著名企业相继推行了六西格玛(6σ)质量管理并取得了令人瞩目的成绩。

6σ即指6倍标准差,其质量控制的规格界限设定在$\pm 6\sigma$,其质量水平能够达到每百万(ppm)个产品的废品数少于3.4个,这已达到了99.999 66%的精确度,远远超出了人们"万一发生怎么办"的感受,几乎接近于完美。

六西格玛管理是提高顾客满意程度、降低经营成本、缩短运作周期、提升组织赢利能力的一种管理模式,也是组织获得竞争力和可持续发展的经营策略,同时还是一种管理哲学,体现着与质量相关联的各种因素多方位、深层次的横向和纵向思辨。在六西格玛管理理论中,缺陷不仅指产品的质量问题,还包括各种工作任务或实体,如一项管理决策方案、一个小时的工作、一份文件等。可见,6σ不仅是一个统计测量基准,而且可以作为一切工作、活动的基准。因此,六西格玛管理适合于任何类型、任何规模的组织。

六西格玛管理最早作为一种突破性的质量管理战略,于20世纪80年代末在美国摩托罗拉公司成型并付诸实践。几年后,该公司的六西格玛战略取得空前的成功,不仅产品质量接近或达到6σ水平,而且收益也十分可观。摩托罗拉公司推行六西格玛管理10年的结果表明,六西格玛管理并非仅仅降低了缺陷,与此同时,公司平均每年提高生产率12.3%,质量缺陷造成的费用消耗减少84%,运作过程的失误降低 99.7%，销售额增长了 5 倍，利税每年增加 20%，节约资金累计超过 140 亿美元。

继摩托罗拉之后，美国的德信公司和联信/霍尼维尔公司也在各自的制造流程中全面推行六西格玛战略，都获得了极大成功。但真正把这一高级的质量战略变成管理哲学和实践，从而形成一种企业文化，是在杰克·韦尔奇领导下的通用电气公司(GE 公司)完成的。该公司在 1996 年初把六西格玛作为一种管理战略列在其三大战略举措之首，在全公司全面执行六西格玛的流程变革方法。根据通用电气 2000 年度的报告：1999 年通用电气公司的利润为 107 亿美元，比 1998 年增长了 15%，其中，实施六西格玛管理而获得的收益就达到了 15 亿美元。到 21 世纪初，这个数字达到了 50 亿美元。六西格玛管理已经成为通用电气实现其战略与目标的载体，成为通用电气实现其核心竞争力不可或缺的手段，成为通用电气的文化。

在通用电气公司应用六西格玛管理取得巨大成功之后，六西格玛管理为全世界企业，特别是许多《财富》世界 500 强企业所关注、认识并接受。如今，六西格玛管理的应用已经从世界 500 强跨国公司走进了普通企业乃至中小企业，从电子、机械、化工、冶金等制造业走向了银行、保险、航空、电子商务等服务业。

21 世纪以来，改革开放后的中国也掀起了一个引进、学习六西格玛管理法的热潮。有条件的一些企业对实施六西格玛管理做了一些有益的尝试。由于国情、基础、条件的不同，不可能很快在所有行业内全面推行六西格玛管理，但这毕竟是发展方向。我国已经加入 WTO，从赶超世界企业管理水平及提高自身核心竞争力的角度，六西格玛管理应引起我们的高度关注，并注意消化吸收。

为了成功导入六西格玛管理，首先要学习和了解六西格玛管理的基本概念和基本原理。鉴于此，本书着重阐述六西格玛管理是什么和为什么，并对如何实施六西格玛管理也做了比较详细的介绍。

本书在修订中，考虑到与六西格玛管理知识的衔接，添加了质量及质量管理的一些基本知识。在很多章节增加了一些案例，重点加强了对六西格玛管理过程改进模式——DMAIC 模式的阐述。另外，对第 1 版书中存在的疏漏之处、累赘之言进行了补正和删节，以使本书更趋完善。

本书在编写过程中，参考了国内外学者大量的研究成果，在此特向他们表示衷心的感谢！由于作者水平有限，书中可能存在不够完善之处，恳请读者批评指正。

亓四华
2016 年 6 月

前言

6σ 中的 σ 是希腊字母 Σ（西格玛）的小写字母，在数理统计上作为测量的统计单元反映产品或服务波动性的一种度量，统计学上称之为标准偏差。标准偏差是用来表示任意一组数据或过程与标准之间差异程度的指标。在质量管理中，σ 用于表达缺陷或失败的可能程度，即反映企业的质量水平。

自 1924 年美国质量管理专家休哈特提出质量控制理论以来，通常把质量控制的规格界限设定在 ±3σ（3 倍标准差），称之为 3σ 管理。在理想状态下，3σ 管理的质量控制水平可达到一百万个产品中的废品数为 2 700 个，合格率最高为 99.73%。这看起来是一个很高的质量水平了，但在许多情况下还是很不够的。例如某一设备由 100 个零件组成，即使每种零件的合格率都达到 99.73%，整个设备的合格率也仅为 76.31%。设备的组成零件越多，则合格率越低，可见 3σ 质量水平并不令人满意。

随着时代的进步和市场经济的发展，人们在不断地追求更高的质量水平，20 世纪 80 年代以来，美国摩托罗拉和通用电气等世界著名企业相继推行了六西格玛（6σ）质量管理并取得了令人瞩目的成绩。

6σ 即指 6 倍标准差，其质量控制的规格界限设定在 ±6σ，其质量水平能够达到每百万（ppm）个产品的废品数少于 3.4 个，这已达到了 99.999 66% 的精确度，远远超出了人们"万一发生怎么办"的感受，几乎接近于完美。

六西格玛管理是提高顾客满意程度、降低经营成本、缩短运作周期、提升组织赢利能力的一种管理模式，也是组织获得竞争力和可持续发展的经营策略，同时还是一种管理哲学，体现着与质量相关联的各种因素多方位、深层次的横向和纵向思辨。在六西格玛管理理论中，缺陷不仅指产品的质量问题，还包括各种工作任务或实体，如一项管理决策方案、一个小时的工作、一份文件等。可见，6σ 不仅是一个统计测量基准，而且可以作为一切工作、活动的基准。因此，六西格玛管理适合于任何类型、任何规模的组织。

六西格玛最早作为一种突破性的质量管理战略，于 20 世纪 80 年代末在美国摩托罗拉公司成型并付诸实践。几年后，该公司的六西格玛战略取得空前的成功，产品的不合格率从百万分之 6 210 件（约 4σ）减少到百万分之 32 件（约 5.5σ），并在此过程中节约成本超过 20 亿美元。推行六西格玛管理 10 年后的 1998 年，摩托罗拉公司成为第一批获得美国"波多里齐国家质量奖"——美国商业领域内的诺贝尔奖的公司。摩托罗拉公司推行六西格玛管理 10 年的结果表明，六西格玛管理并非仅仅降低了缺陷，与此同时，公司平均每年提高生产率 12.3%，质量缺陷造成的费用消耗减少 84%，运作过程的失误降低 99.7%，节约制造费用超过 110 亿美元。如今，摩托罗拉已经成为世界名牌。

继摩托罗拉之后，美国的德信公司和联信/霍尼维尔公司也在各自的制造流程中全面推行六西格玛战略，都获得了极大成功。但真正把这一高级的质量战略变成管理哲学和实践，从而形成一种企业文化，是在杰克·韦尔奇领导下的通用电气公司(GE 公司)完成的。该公司在 1996 年初把六西格玛作为一种管理战略列在其三大战略举措之首，在全公司全面执行六西格玛的流程变革方法。1997 年通用电气的六西格玛管理项目超过 6 000 个。根据通用电气 2000 年度的报告：1999 年通用电气公司的利润为 107 亿美元，比 1998 年增长了 15%，其中，实施六西格玛管理而获得的收益就达到了 15 亿美元。到 21 世纪初，这个数字达到了 50 亿美元。六西格玛管理已经成为通用电气实现其战略与目标的载体，成为通用电气实现其核心竞争力不可或缺的手段，成为通用电气的文化。

自 GE 公司后，联合信号(Allied)、ABB、IBM、福特(Ford)、三星(Samsung)、西门子(Siemens)、诺基亚(Nokia)、索尼(Sony)等众多世界 500 强企业也加入到实践六西格玛管理的行列，更有许多服务性企业如美国的花旗银行(CitiGroup)、全球最大的网站公司亚马逊成功采用六西格玛战略提高了服务质量，维护了顾客的高忠诚度。六西格玛管理已逐渐成为世界上追求管理卓越性的企业最为重要的战略举措。

我国已经加入 WTO，从赶超世界企业管理水平及提高自身核心竞争力的角度，六西格玛管理应引起我们的高度关注，并注意消化吸收。当然由于国情、基础、条件及产品质量要求的不同，不可能在所有行业内全面推行六西格玛管理，但这毕竟是发展方向。

为了成功导入六西格玛管理，首先要学习和了解六西格玛管理的基本概念和基本原理。鉴于此，本书着重阐述六西格玛管理是什么和为什么，并对如何实施六西格玛管理做了比较详细的介绍。

本书力求通俗易懂，深入浅出。由于作者水平有限，加之时间仓促，书中可能存在不够完善之处，恳请读者批评指正。

亓四华

2007 年 10 月

目 录

再版前言	（ⅰ）
前言	（ⅲ）

第一章 六西格玛管理的起源与发展 ...... （ 1 ）
    第一节 六西格玛管理的起源 ...... （ 1 ）
    第二节 六西格玛管理的发展 ...... （ 2 ）
    第三节 六西格玛管理的影响 ...... （ 4 ）

第二章 六西格玛管理的理论基础 ...... （ 7 ）
    第一节 质量的基本知识 ...... （ 7 ）
    第二节 质量管理概论 ...... （12）
    第三节 产品质量的波动及其统计描述 ...... （18）
    第四节 产品质量波动性的原因 ...... （21）
    第五节 产品质量波动性的规律 ...... （22）
    第六节 质量控制的数理统计学基础 ...... （30）
    第七节 质量特性正态分布曲线与质量标准 ...... （33）
    第八节 六西格玛管理的含义与特点 ...... （36）

第三章 六西格玛管理的基本原理与理论依据 ...... （46）
    第一节 六西格玛管理的基本原理 ...... （46）
    第二节 六西格玛管理的理论依据 ...... （51）

第四章 六西格玛管理的业绩度量指标 ...... （62）
    第一节 六西格玛管理与业绩度量 ...... （62）
    第二节 过程能力与过程能力指数 ...... （64）
    第三节 西格玛水平 Z ...... （71）
    第四节 最终合格率 PFY 与流通合格率 RTY ...... （73）
    第五节 单位产品缺陷数 DPU、单位机会缺陷数 DPO 及百万机会缺陷数 $DPMO$ ...... （75）
    第六节 业绩评价指标的转换 ...... （79）

第五章 六西格玛管理常用工具与方法 ……………………………………（81）
 第一节 质量功能展开 ……………………………………………………（81）
 第二节 试验设计 …………………………………………………………（90）
 第三节 方差分析 …………………………………………………………（104）
 第四节 健壮性设计 ………………………………………………………（110）
 第五节 回归分析 …………………………………………………………（117）
 第六节 排列图 ……………………………………………………………（121）
 第七节 因果图 ……………………………………………………………（124）
 第八节 直方图 ……………………………………………………………（127）
 第九节 检查表 ……………………………………………………………（131）
 第十节 分层法 ……………………………………………………………（134）
 第十一节 散布图 …………………………………………………………（136）
 第十二节 控制图 …………………………………………………………（139）

第六章 如何实施六西格玛管理 ……………………………………………（150）
 第一节 六西格玛策划 ……………………………………………………（151）
 第二节 六西格玛组织 ……………………………………………………（156）
 第三节 六西格玛改进 ……………………………………………………（160）

第七章 六西格玛管理与其他改进方法的关系 ……………………………（172）
 第一节 六西格玛管理与全面质量管理 …………………………………（172）
 第二节 六西格玛管理与 ISO 9000 ………………………………………（175）
 第三节 六西格玛管理与精益生产 ………………………………………（178）
 第四节 实施六西格玛管理的障碍 ………………………………………（182）

参考文献 ………………………………………………………………………（187）

第一章 六西格玛管理的起源与发展

第一节 六西格玛管理的起源

20世纪五六十年代美国经济发展很快,美国产品供给世界各地,产品质量基本上都能满足顾客的需求。当时产品质量稳定的原因是建立并实施了有关军工产品标准、ISO国际标准以及质量保证体系,同时国际上的竞争对手很少,保持这样的水平就能满足需要了。

到了20世纪70年代和80年代,情况就不一样了。早在60年代,日本人就接受了美国质量管理专家费根堡姆提出的全面质量管理的思想,并根据日本的国情和其具体的实践,使该理论得到普遍应用并创新提高,从而日本的产品质量迅速提升。由于其质量的优异,许多日本产品开始走向欧美,并逐步占有一定的市场份额,美国的一些产品受到日本产品的激烈竞争。曾经为美国航天事业特别是为"阿波罗"号登月做出贡献的摩托罗拉公司同样面临巨大挑战,众多市场不断被日本竞争对手夺走。1974年,日本松下公司从摩托罗拉公司收购了世界上最早生产电视机的企业;1980年,摩托罗拉公司在日本竞争者面前失去了音响市场;接着,摩托罗拉公司的移动电话业务也因质量问题开始走下坡路。与此同时,日本的汽车、手表、摄像机等产品也在不断抢占地盘。美国企业界发出"爆发了第二次珍珠港事件!"的惊呼,美国企业市场的"奶酪"不断被日本人蚕食。

令摩托罗拉人惊讶的是,那个被日本松下公司买下的电视机企业,仍使用原来的美国员工,仅仅是进行适度的设备改进,运用戴明的质量管理理论,就将制造过程的缺陷率从美国人手中的15%减少到了4%。显然,问题出在摩托罗拉的管理上。严酷的生存现实使摩托罗拉的最高管理层接受了自己的产品质量不如别人的结论。为此,以摩托罗拉通信工程部的工程师史密斯为首的一批人开始致力于研究产品竞争力与产品返修率的关系,在分析与竞争对手巨大差距的基础上他们发现,正是工作和制造过程中的缺陷才导致产品的竞争力受到了致命的打击,同时还发现制造任何产品时,高质量与低成本不仅不互相排斥,而且可以相互兼得,并从实践和理论上论证了提高质量的本身就意味着降低成本、谋取效益的结论。因此,时任摩托罗拉首席执行官的盖尔文决定从1981年起,5年内把不良率降低至十分之一;将每年销售利润的5%～20%用来改善质量。结果到1986年在质量改进方面投资22万美元,不仅使运营节省640万美元,还使业绩和顾客满意度均得到了大幅度的提高。取得巨大的成功后,盖尔文看到日本优秀企业的某些产品质量仍远远优于摩托罗拉,便决定付出更大的努力来提高产品质量。

与此同时,摩托罗拉的另一位工程师开始了他对世界著名质量先驱——戴明理论的实践。他就是六西格玛的创始人麦克尔·哈里。麦克尔将戴明先生"过程波动是产生不良的来源,提高质量需要科学的方法"的观点应用于降低缺陷的实践,并探索出一套减小过程波动的方法,由于这套方法用到了统计学的知识和技术,他将其称为"六西格玛"方法。于是,在1985年麦克尔等向摩托罗拉高层管理者提交了一份旨在改进产品质量的战略性报告,建议将产品质量水平由当时的四西格玛(4σ,相当于每百万次机会中有6 800个缺陷)向六西格玛(6σ,相当于每百万次机会中有3.4个缺陷)方向迈进。盖尔文接受了建议,并于1987年致信公司全体员工:启动六西格玛(6σ)管理策略,到1989年将产品和服务质量提高10倍;到1991年达到至少100倍的改进;到1992年达到六西格玛(6σ)质量水平。

摩托罗拉人不仅把六西格玛管理看成一套工具,更把它看成一种由交流、培训、领导、团队工作、评估以及对顾客高度关注所驱动的业务改进的方法和战略。他们从企业生存的高度来造就骨干队伍,每年的培训经费约为薪资的4%,并把每个员工的奖酬与六西格玛的目标实现程度相联系。另外还充分发挥专家在推动六西格玛战略行动中的作用:请朱兰指导公司识别长期存在的质量问题;请夏恩因(Dorian Shainin)指导公司实验设计(DOE)和统计过程控制(SPC)等来解决实际问题。

推行六西格玛管理10年后的1998年,摩托罗拉顽强地生存和壮大起来,并成为第一批获得美国商业领域内的诺贝尔奖——"波多里齐国家质量奖"的企业。

摩托罗拉公司推行六西格玛管理10年的结果表明,六西格玛管理并非仅仅降低了缺陷,与此同时,公司平均每年提高生产率12.3%,质量缺陷造成的费用消耗减少84%,运作过程的失误降低99.7%,节约制造费用超过110亿美元。如今,摩托罗拉已经成为世界名牌。

第二节 六西格玛管理的发展

摩托罗拉推行六西格玛管理的成功,使众多企业家刮目相看,其中原通用电气

副总裁拉里·博西迪(韦尔奇的助手和最要好的朋友)对六西格玛管理表现出了浓厚的兴趣。1991年,他接手由若干个公司并构而成的联合信号公司,并出任CEO。博西迪发现,联合信号与通用电气形式上有着相似的核心业务和管理流程,但在联合信号,这些流程有价值的实际内容少而形式的东西多,在提高生产力、提高产品质量和扩大市场份额等具体问题上存在不少亟待解决的严重问题。他很快意识到,六西格玛管理正是他可以将联合信号塑造成强大企业的方法。

1992年,博西迪将六西格玛管理引入联合信号公司。通过培养大量掌握六西格玛方法和技术的专业人员,并将组织变革、领导力提升和变革企业文化方面的"软工具"内容融入到六西格玛管理中去,联合信号的业绩出现了快速增长的势头,销售额和利润实现了每年两位数的增长,公司的收益从1991年的3.42亿美元增长到1997年的11.7亿美元,在短短的六年内几乎翻了两番。

此时,通用电气公司CEO杰克·韦尔奇看到使用六西格玛管理促使不少企业成功的事实,开始思考如何把六西格玛管理引入通用电气。尽管通用电气在其所有业务领域内几乎都是领先的,但经过仔细分析,发现通用电气1995年在废品、返修、交易错误修正、低效率等方面仍然多付出了70亿~100亿美元,而当时通用电气的质量水平处在三西格玛到三点五西格玛之间。为此,杰克·韦尔奇发现并意识到:

(1) 作为百年老企业的通用电气,其生存依赖于每项业务的持续增长。

(2) 企业增长在很大程度上是由客户满意度决定的。

(3) 客户满意度是由三项关键要素决定的——产品或流程的质量、价格和交付期。

(4) 三项关键要素是由企业内部工作流程决定的。

(5) 流程能力的影响、变化和设计水平及过程偏差的大小有关;流程的设计和优化至关重要。在既定流程下出现偏差,就会增加废品率,增加成本及交付的时间,所以要消除偏差。

(6) 要把偏差逐步消除,就必须运用正确的知识,为此首先要获得正确的知识和实施正确的手段。

基于上述思考以及受六西格玛理论在其他企业成功经验的启发,韦尔奇决心把通用电气打造成六西格玛企业。通用电气计算过,每个质量失误造成的成本与企业销售额都有密切的联系。过去美国的大部分企业质量成本都在20%左右,即每卖100元产品其中就有20%和公司内部各种各样的质量问题、浪费有关。当时的美国企业大概处于三西格玛的水平,所以每卖100美元的产品就有将近20美元的收入花费在重新工作,或者废品,或者浪费时间资源等方面。而这本来是完全可以作为纯利润的。在价格、成本、人员等其他条件都不变的情况下,只是运用六西格玛质量控制方法,如果从三西格玛质量水平提高到四西格玛质量水平的话,销售收入中花在质量控制方面的成本就可以降低5%,如果从四西格玛质量水平提高到五西格玛质量水平,又能降低5%,节约的成本就是一笔巨大的财富。这些都是可以计算的,要想办法把这些浪费的成本节约下来转化为巨大的利润。

于是,通用电气在韦尔奇的带领下开始了六西格玛之旅。在1996年1月公司年会上,韦尔奇正式宣布启动公司的六西格玛管理,并称这一实施方案是"公司历史上最大的一次发展、赢利和使每个雇员满意的机会"。

但是,在韦尔奇眼中,此时的六西格玛已经不是彼时的六西格玛。它已不仅是关于统计学的,尽管它需要统计技术;它也不仅是关于改进质量的,尽管它最终使质量大幅度提升。韦尔奇要将六西格玛提升到打造通用电气公司核心竞争力的战略层次。在他看来,六西格玛是"通用电气公司从来没有经历过的最重要的发展战略"。1995年年底,随着200个六西格玛项目的实施,这种管理方法在通用电气浩浩荡荡地开展起来。在1997年1月的通用电气公司业务经理会议上,韦尔奇宣布:通用电气的经理们必须开始六西格玛行动;六西格玛必须成为公司的通用语言,否则将被解雇。另外,公司把120位高级管理人员的40%的奖金与六西格玛管理的进展联系起来。1997年,通用电气公司六西格玛项目超过了6 000个。通用电气2000年度的报告显示:1999年,通用电气公司的利润为107亿美元,比1998年增长了15%,其中因实施六西格玛项目而获得的收益就达到了15亿美元。到21世纪初,这个数字达到了50亿美元。2000年,通用电气公司中获得六西格玛绿带认证的员工已达到90%以上,公司中层以上的经理中有过六西格玛黑带经历的人员已达15%。

虽然韦尔奇2001年退休了,但六西格玛管理已深深根植于通用电气,它的理念、方法和行为方式已经成为通用电气经营管理的一部分,成为通用电气实现其战略与目标的载体,成为通用电气实现其核心竞争力不可或缺的手段,成为通用电气的文化。

第三节 六西格玛管理的影响

继摩托罗拉、德信、联信/霍尼韦尔、通用电气等先驱之后,几乎所有世界500强制造型企业都实施了六西格玛管理战略,特别是一直在质量领域领先的日本企业也在20世纪90年代后期纷纷加入实施六西格玛的行列,包括索尼、东芝等企业,韩国三星、LG也开始了向六西格玛进军的旅程。如图1.1所示。

值得注意的是,自通用电气成功实施六西格玛管理以后,世界上的一些著名公司都将六西格玛战略应用于公司的全部业务流程的优化,而不仅仅局限于生产制造流程。更有越来越多的服务性企业,如美国最大的银行花旗银行、全球最大的

B2C网站公司等也成功地通过采用六西格玛战略提高了服务质量、维护了客户的高忠诚度。所以六西格玛管理已不再是一种单纯的、面向制造业业务流程的管理方法和战略。国际上甚至一些政府机构也开始采用六西格玛理念来改善政府服务。

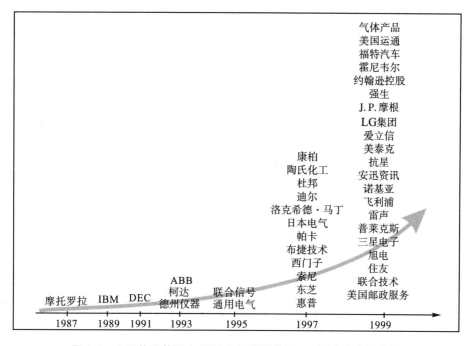

图1.1 六西格玛管理在1999年《财富》世界500强企业中的发展

由于实施六西格玛管理,目前多数美国公司的管理水平已从10多年前的三西格玛提高到五西格玛,而多数日本公司则已接近五点五西格玛的水平。可以毫不夸张地说,西格玛水平已成为衡量一个国家综合实力与竞争力的最有效的指标。

作为一种先进的战略管理方法,六西格玛管理理念引起了我国各界的极大关注。但是由于国情等各种原因的差异,要真正了解、认识和掌握六西格玛管理的方法和技术,还需要一个过程。

20世纪80年代,我国推行全面质量管理(TQC),这一活动对推动全民的质量意识及提高质量水平起到了很重要的历史作用。20世纪90年代以来,我国普遍开展ISO 9000质量管理体系贯标认证,这一工作又一次提升了我们国家制造业和服务业的整体质量水平。21世纪初,国内部分企业开始关注、学习和在局部范围内导入六西格玛管理。国内的一些管理咨询机构纷纷推出六西格玛管理咨询项目,一股学习六西格玛管理的热潮在全国范围内悄然升起,不少企业已培训出一批"黑带"和"绿带"。海尔、联想、宝钢、格兰仕、中远等公司都在一定范围内引入和实施了六西格玛管理,取得了初步成效。但对绝大多数的中国企业来说,六西格玛管理还仅仅停留在理论的认知水平上。造成这种现象的原因主要是国内不少企业的科学管理基础薄弱,许多基础的管理工作都没有做好,推行六西格玛管理缺少必要的支撑;同时也有一些大企业认为自己在本行业已经做得很好(实际上改进的余地还相当大),缺少推行六西格玛管理的兴趣和激情。当然,国内六西格玛管理推行缓慢的另一大原因是国内能为企业进行六西格玛培训和做咨询顾问的专业公司还相当有限,而专业从事六西格玛黑带培训和咨询的公司就更是屈指可数了。所以六西格玛管理在中国还处在萌芽阶段。但应该相信:随着我国企业管理水平的日益提高,六西格玛管理将逐步深入到我国的各个行业,六西格玛管理将为我国的各个行业带来巨大的发展动力。

但在我国实施六西格玛管理,有以下几个问题应予以关注:

一是决策层的理解、认识和决心是实施六西格玛管理的前提。

曾有人认为六西格玛与中国传统文化是有一定冲突的,一般来说,国内不少企业在质量方面想得多、说得多、口号多,扎实工作做得少。同时多数企业家信守高质量必然是高成本的观点,对追求高质量持怀疑态度。这一基本的认知观点在相当长的时间内使决策者对提高产品质量缺乏信心和缺少应有的投入。正因为如此,决策层的理解、认识和决心是实施六西格玛管理的前提,也是能否形成一个追求卓越的企业文化继而推行六西格玛管理的关键。

二是30多年前推广TQC的阴影不可忽视。

30多年前我国推广TQC的积极意义是毫无疑问的。但是,在推广TQC时,并没有很好地形成以人为本、尊重员工首创精神的文化积淀。特别是作为全面质量管理以及ISO 9000管理基础的统计质量控制技术没有得到有效的掌握和应用,以至于迄今为止没有形成靠数据说话、靠数据管理、靠数据决策的习惯和做法,更多的是流于形式。形式和口号过多,挫伤了很多人对质量工作的热情和参与度。而六西格玛管理的重要基础工具就是统计质量控制,要真正实施六西格玛管理必须首先解决一个态度问题,认真从基础做起,花工夫、下力气把统计质量控制技术抓实抓牢。

三是要高度重视人才队伍的建设。

毋庸置疑,实施六西格玛管理需要对人才资源、物力资源、财力资源和信息资源进行优化配置,但人才资源是第一资源,是支配、利用其他资源的资源。因此实施六西格玛管理在很大程度上取决于人才资源的开发和员工素质的提高。为此要以教育培训为先,要向干部职工灌输六西格玛原理,造就一大批实施六西格玛管理的骨干队伍。

另外,坚实的管理基础、长远的发展规划及实施六西格玛管理的资金等也是实施六西格玛管理必不可少的条件。

第二章 六西格玛管理的理论基础

要想了解六西格玛管理是什么,就要先知道六西格玛是什么;要想知道六西格玛是什么,就要搞清楚西格玛是什么;要想搞清楚西格玛是什么,就必须知道世界万物时刻存在着波动或变化,即使是同一个生产或服务企业,无论是产品质量还是服务质量也毫无例外地存在着波动或变化,而且波动或变化是有原因和规律的,是能够用数学语言来描述和进行相互比较其波动大小的,从而其产品或服务质量的水平也是能够用数学语言来评定的。而要理解质量的波动及控制波动,就要了解质量及质量管理的基本知识。本章将在介绍质量及质量管理基本知识的基础上,从产品质量波动的现象、原因和规律入手来阐述六西格玛管理的理论基础。

第一节 质量的基本知识

一、质量的概念

质量与人类生活息息相关,人类追求质量的历史可谓源远流长。什么样的产品是优质品?这对使用者来说是不言自明的问题。但要对产品的质量下一个确切的定义并不容易。随着社会生产力的进步和人们认识水平的不断深化,质量概念也在不断地补充、丰富和发展。人们质量观念的演变经历了三个阶段,从早期的"符合性"质量观念,演变到"适用性"质量观念,现在又进一步转变为现代"广义"的质量观念。

1. 符合性质量的概念

美国的质量大师克劳斯比说:"质量是符合要求和规格。"这是质量管理历史中"符合标准"时期所提倡的观念。早期的质量概念基本是指产品性能是否符合技术标准,它以"符合"现行标准的程度作为衡量依据。也就是将产品的质量特性与技术标准(包括性能指标、设计图纸、验收技术条件等)相比较,如果质量特性处于标准值的容差范围(通常称为公差带)内,即符合标准,则为毫无区别的合格,产品就能满足顾客需求;超出容差范围,即不符合标准,则为毫无区别的不合格。这就是所谓的"门柱法",亦即符合性质量控制。这种符合性质量的概念是长期以来人们对质量的理解,直至20世纪50年代,符合性控制一直是质量管理的基本方法,并发挥了重要作用。美国在20世纪80年代前一直就是用这种方法进行质量管理的,当前我国大多数企业仍采用这种符合性控制作为质量管理的方法。

2. 适用性质量的概念

在工业发展的初期,产品技术含量低、结构简单,符合性质量控制可以发挥其重要的质量把关的作用,但对于高科技和大型复杂的产品,符合性质量控制已不能满足质量管理的要求。因为"规格"和"标准"有先进和落后之分,过去认为是先进的,现在可能是落后的。落后的标准即使百分之百地符合,也不能认为是质量好的产品。同时,"规格"和"标准"不可能将顾客的各种需求和期望都规定出来,特别是隐性的需求与期望。于是,美国质量管理大师朱兰博士在20世纪80年代提出:"质量就是适用性,所谓适用性就是产品在使用过程中满足顾客要求的程度。"美国的另外两位质量管理专家格鲁科克和费根堡姆也指出:"质量就是满足需要。"

日本质量大师田口玄一博士在多年研究和实践的基础上,创造性地提出了关于质量的定义:"质量是指产品出厂后对社会造成的损失大小,其中包括产品性能波动对顾客造成的损失以及对社会造成的损害。"这种观点是从用户出发,是以"用户第一"为指导思想的,显然比质量"符合标准"的要求要高。田口玄一把产品质量与给社会带来的损失联系在一起,他认为,质量好的产品就是上市后给社会带来损失小的产品。这个定义保存了满足社会需要的中心内容,更强调了质量的经济效果和设计的目的性。田口玄一关于质量的定义最有价值之处是引入了质量损失的概念,开辟了定量研究质量的新思路,日本的众多企业就是运用田口玄一的质量管理方法进行质量管理的。

上述适用性质量的概念是把适合顾客需要的程度作为衡量的依据。从使用角度定义产品质量,认为产品的质量就是产品"适用性",即"产品在使用时能成功地满足顾客需要的程度",另外把经济性引入到质量概念中。因此"适用性"的质量概念要求人们从"使用要求"和"满足程度"两个方面去理解质量的实质。质量从"符合性"发展到"适用性",使人们的质量观念逐渐把顾客的需求放在首位。顾客对他们所消费的产品和服务有不同的需求和期望,这意味着组织需要决定他们想要服务于哪类顾客,是否在合理的前提下使每一件事都能满足顾客的需要和期望。

3. 广义质量的概念

为了使质量有一个统一、标准的定义,国际标准化组织(ISO)总结以往质量的不同概念并加以归纳提炼,逐渐形成了人们公认的名词术语。ISO 9000(2000)版把质量定义为产品、体系或过程的一组固有特性满足顾客和其他相关方要求的能力。这个定义是比较严密的表述,其含义是十分广泛的,既反映了要符合标准的要求,也反映了要满足顾客的需要,综合了符合性和适用性的含义,同时把质量的概念也广义化了。这个定义中几个关键词的含义如下所述。

(1) 产品

产品是指过程的结果,有四种类别:

硬件——通常是有形的,多为物理实体,其量值具有计数的特性,如机械零部件、仪器设备、房屋等。

软件——通常是无形的,由信息组成,以方法、记录或程序等形式存在,如计算机程序、电视节目、手册、说明书、字典等。

流程性材料——通常是将原材料转化成某种预定状态而形成的有形产品,其形态可以是气体、液体,如煤气、自来水等;也可以是粉末状、颗粒状、块状、线状和片状的固体,如水泥、化肥、矿石等。

服务——通常是为顾客提供有形或无形产品时所完成的活动,如销售、医疗、教育、设备安装、调试、培训及与顾客的沟通等。

事实上,许多产品由不同类别的产品构成,服务、软件、硬件或流程性材料的区分取决于其主导成分。例如汽车就是由硬件(如发动机、轮胎)、流程性材料(如燃料、冷却液)、软件(如发动机控制软件、汽车说明书、驾驶员手册)和服务(如销售人员操作示范)所组成的。

(2) 过程

过程是指一组将输入转化为输出的相互关联或相关作用的活动。过程是质量活动的基本单元。由此可见,任何得到输入并将其转化为输出的活动均可视为过程。每个过程都有输入和输出,输入是过程控制的内容,输出是过程控制的结果,结果可以是有形的产品实物,也可以是无形的信息、软件和服务。任何一个过程都包含物流过程和信息流过程。过程本身还是一种通过一定的控制手段实现某种价值增值的方式。同时,它还存在对输出和输入或在过程的不同位置进行度量的机会。

(3) 固有特性

固有特性是指通过产品、体系或过程设计和开发后的实现过程所形成的客观属性(定量或定性的指标),是满足使用要求所必须具备的各种性能,是指某事或某物中本来就有的,尤其是那种永久的特性。例如螺栓的直径、机器的生产率、汽车的最大时速、计算机内存大小等都是产品本身固有的属性,它们不会以人们的喜好而改变,但是它却能够对消费者带来不同的效用。赋予特性是指外界赋予产品、体系或过程的特性,不是某事物中本来就有的,而是完成产品后因不同的要求而对产品所增加的特性。例如产品的价格、产品的所有者以及产品的编码、产品的供货时间和运输要求、售后服务要求等特性都是赋予特性。固有特性与赋予特性是相对的,某些产品的赋予特性可能是另一些产品的固有特性,例如供货时间及运输方式对硬件产品而言属于赋予特性,但对运输服务而言,就属于固有特性。

(4) 顾客

顾客是指接受产品的组织和个人,包括最终使用者、零售商、受益者和采购方。

顾客可以是组织外部的,也可以是组织内部的(如下道工序)。

(5) 要求

要求指明示的、通常隐含的或必须履行的需求或期望。

"明示的"可以理解为是在标准、规范、技术要求和其他文件中已经做出明确规定的要求。如在合同中阐明的规定要求或顾客明确提出的要求。

"通常隐含的"是指组织、顾客和其他相关方的一种习惯、惯例或常识,所考虑的需求或期望是不言而喻的。例如化妆品对顾客皮肤的保护性等。一般情况下,顾客或相关方的文件(如标准)中不会对这类要求给出明确的规定,组织应根据自身产品的用途和特性进行识别,并做出规定。

"必须履行的"是指法律法规要求的或有强制性标准要求的。如食品卫生安全法、GB 8898《电网电源供电的家用和类似用途的电子及有关设备的安全要求》等,组织在产品的实现过程中必须执行这类标准。

要求可以由不同的相关方提出,不同的相关方对同一产品的要求可能有所不同。例如对汽车来说,顾客要求美观、舒适、轻便、省油,但社会要求对环境不产生污染。组织在确定产品要求时,应兼顾顾客及相关方的要求。

从上述 ISO 9000(2000)版的质量概念中可以理解到:质量概念的关键是"满足要求",这些"要求"必须转化为有指标的特性,作为评价、检验和考核的依据。由于顾客的需求是多种多样的,所以反映产品质量的特性也是多种多样的。

对产品质量而言,一般包括以下六个方面的特性:

性能——产品满足一定使用要求所具备的功能(包括内在特性和外在特性)。内在特性如结构、性能、精度、化学成分等根据产品使用目的所提出的各项功能要求,外在特性如外观、形状、美学、造型、装潢、款式、色彩、气味、重量、体积、包装等。

经济性——产品整个生命周期的总费用,如成本、价格、使用费用、维修时间和费用等。

寿命——产品在规定的使用条件下,完成规定功能的工作总时间,如日光灯的使用时间、轮胎的行驶里程等。

可靠性——产品在规定的时间内和规定的条件下,完成规定任务的能力,如手表精度的稳定期限等。

安全性——产品在储存、流通和使用过程中,不发生产品质量欠佳而导致的人员伤亡、财产损失和环境污染的能力,如家电产品在使用过程中不发生电击事故等。

适应性——产品适应外界环境变化的能力,如产品能否适应振动、噪声、电磁干扰、腐蚀、高温、高湿等特殊恶劣环境的能力。

服务质量特性是服务产品所具有的内在特性。有些服务质量特性是顾客可以直接观察或感觉到的,如服务等待时间的长短、服务设施的完好程度、火车的正误点、服务用语的文明程度、服务中噪声的大小等。还有一些反映服务业绩的特性,如酒店财务的差错率、报警器的正常工作率等。不同的服务对各种特性要求的侧重点会有所不同。

二、质量的形成

产品质量通过市场调研进行策划,由设计确定,通过制造来保证和实现,经过检验来证实,到使用中才显示出来。产品质量是过程的产物,其详细过程可以用一个螺旋形上升的循环示意图来表示,这是美国质量管理专家朱兰在20世纪60年代首创的,简称朱兰质量螺旋曲线,如图2.1所示,图中每个环节的活动是由组织的各个部门及其所有成员分别承担的,都是产品质量产生和形成过程的重要环节。

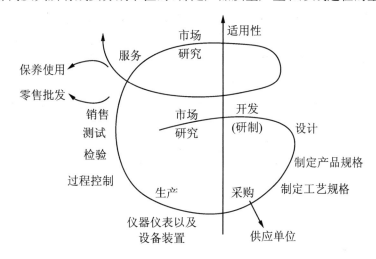

图 2.1 产品质量的形成示意图

从图2.1可以看出:

(1) 产品质量的形成包括13个环节(质量职能),大致经过市场研究、产品开发、设计、生产技术准备、采购、生产制造、检验、销售和服务等环节,各个环节之间存在着相互依存、相互制约和相互促进的关系,构成一个系统。

(2) 产品质量的形成和发展是一个循序渐进的过程,13个环节构成一个循环,每经过一个循环,产品质量就得到一定提高。

(3) 作为一个产品质量系统,系统目标的实现取决于每个环节质量职能的落实和各环节之间的协调。因此,必须对质量形成过程进行计划、组织和控制。

(4) 产品质量系统是一个开放系统,与外部环境有密切联系。

(5) 产品质量形成全过程的每一个环节都要依靠人去完成,人的素质及对人的管理是过程质量及工作质量的基本保证。

朱兰质量螺旋曲线的提出,推动了人们对质量概念的认识逐渐从狭义的产品质量向广义的企业整体质量发展。

第二节 质量管理概论

一、质量管理的基本知识

质量管理是一门研究和揭示质量的产生、形成和实现过程的客观规律的科学，它是以质量为研究对象的。质量管理和诸多学科关系密切，主要涉及经济学、管理学、数学、计量科学、测控等多种工程技术，因此，质量管理是一门综合性应用学科。

ISO 9000(2000)版把质量管理定义为在质量方面指挥和控制组织的协调活动，包括建立质量管理体系以及质量策划、质量控制、质量保证和质量改进等。

上述定义可从以下几个方面来理解：

第一，质量管理是通过建立质量管理体系、围绕质量方针并为实现规定的质量目标进行质量策划、实施质量控制和质量保证、开展质量改进等活动予以实现的。

第二，组织在整个生产和经营过程中，需要对诸如质量、计划、劳动、人事、设备、财务和环境等各个方面进行有序的管理。由于组织的基本任务是向市场提供符合顾客和其他相关方要求的产品，围绕着产品质量形成的全过程实施质量管理是组织的各项管理的主线。

第三，质量管理涉及组织的各个方面，是否有效地实施质量管理关系到组织的兴衰。因此，组织应在确立质量目标的基础上，运用管理的系统方法来建立质量管理体系，为实现质量方针和质量目标配备必要的人力和物质资源，确保质量策划、质量控制、质量保证和质量改进活动顺利地进行。

二、质量管理的发展历程

质量管理是伴随着产业革命的兴起而发展起来的，20世纪人类跨入了以加工机械化、经营规模化、资本垄断化为特征的工业化时代。在整整一个世纪中，质量管理的历史发展是逐渐由定性走向定量，由被动控制走向主动控制，由局部控制走向全面控制的过程。总体来说，质量管理的发展，按照所依据的手段和方式来划分，大致经历了三个阶段：

1. 质量检验阶段

这一阶段处在20世纪初～40年代。从观念上看，仅仅把质量管理理解为对产品质量的事后检验；从方法上看，是对已生产出来的产品进行百分之百的全数检验；从质量管理的执行者看，伴随着生产力的发展和企业规模的不断扩大，由生产者自产自检逐渐演变成由专职检验部门来完成,产品的检查同制造分开,产品检验成为一道独立的工序。这种质量管理的特点是:出现了"三权分立"的状态,即有专人制定质量标准,有专人负责生产制造,有专人按照质量标准检验产品质量。这一阶段的质量管理存在着两个主要缺点:一是全数检验工作量大,成本高,对于大批量生产的产品来不及检验,对于破坏性检验不经济、不实用,有时也是不允许的;二是仅能对产品的质量实行事后把关,起不到预防作用,一旦发现废品,一般很难补救。

2. 统计质量控制阶段

这一阶段处在20世纪40~60年代,其特征是利用数理统计原理在生产工序间进行质量控制,从而预防不合格品的大量产生。这标志着质量管理由事后的全数检验变为生产过程中的抽样检验。

随着企业生产规模的继续扩大和管理科学的不断发展,企业迫切需要解决事后检验和全数检验的弱点。这就在客观上为数理统计的知识和方法引入质量管理领域创造了条件。1924年,美国贝尔电话实验室的工程师休哈特绘出了第一张质量控制图,把影响产品质量的原因分为偶然原因和异常原因,利用控制图对后者进行跟踪处理,体现了预防为主的思想。1928年,贝尔电话实验室的道奇与罗美格运用数理统计原理编制了第一批抽查数表和抽样方案。有了这些技术基础,就可以把最终产品的全数检验改为随机抽样检验,根据抽样质量数据的统计分析制作控制图,用控制图对工序进行质量监控。这样做减少了生产过程中不合格品的产生,保证了加工质量,极大地减少了废品损失。因此,习惯上把这种质量管理的方法称为统计质量管理。

但是,统计质量控制也存在着缺陷:首先,它仍然以满足产品标准为目的,而不是以满足用户的需要为目的。其次,它偏重于工序管理,而没有对产品质量形成的整个过程进行控制。因为产品质量的形成不仅与生产制造过程有关,还与涉及的其他许多过程、环节和因素有关。第三,影响质量的因素非常多,单纯依靠统计方法不可能得到全面解决。只有将影响质量的所有因素统统纳入质量管理的轨道,并保持系统、协调的运作,才能确保产品的质量。第四,它过分强调质量控制的统计方法,使人们误认为"质量管理就是统计方法","质量管理是统计专家的事",忽视了其他部门的工作对质量的影响。这样,就不能充分发挥各个部门和广大员工的积极性,从而妨碍了统计质量管理的普及推广。这些问题的出现,又把质量管理推进到一个新的阶段。在新的社会历史背景和经济发展形势的推动下,全面质量管理的理论应运而生。

需要说明的是,统计质量管理是一种科学有效的质量管理方法,迄今未过时。非但如此,我国的大多数企业还未真正掌握,不少企业控制图少得可怜甚至没有。可以毫不夸张地说,如果统计质量管理这一最基础最根本的方法未掌握,那么推行全面质量管理、贯彻ISO 9000标准乃至实施六西格玛管理就成了空话。

3. 全面质量管理阶段

20世纪五六十年代以后,宇航领域的竞争带动了人类其他科技的迅猛发展。人们发现,一个高精尖产品的设计、试制、生产是一项系统工程,它需要精湛的技术,但更需要合作,需要发挥每个人的主观能动作用,单靠统计质量控制已不能解决质量管理的所有问题。美国质量管理专家费根堡姆和朱兰提出了全面质量管理的概念,认为质量管理仅仅靠数理统计方法远远不够,必须结合企业的各种职能和流程,即把组织管理、数理统计方法和现代科学技术整合在一起,建立一套质量管理的工作系统。由于把质量管理的着眼点从生产加工扩大到企业管理的全部流程,因此,习惯上称之为全面质量管理(Total Quality Control,简称 TQC)。20世纪五六十年代以后,进入全面质量管理阶段。

全面质量管理的内涵决定了它的特点,即"三全一多"。具体就是:

(1) 全面的质量管理

全面是指在内容与方法层面上进行质量管理。不仅要着眼于产品的质量,而且要注重形成产品的过程质量、工作质量和服务质量的管理。产品是由人设计、制造出来的,如果产品设计和制造过程的质量和企业职工的工作质量不提高,很难保证生产出优质的产品来。因此,全面质量管理强调以过程质量和工作质量来保证产品质量,强调提高过程质量和工作质量的重要性。另外,不仅要对产品性能进行管理,也要对经济性、时间性和适应性等进行管理;即在进行产品质量管理的同时,还要进行产量、成本、生产率和交货期的管理。因为产品质量固然非常重要,但是,产品质量再好,如果制造成本高,销售价格贵,也是不受用户欢迎的。即使产品质量很好,成本也低,还必须交货及时和服务周到,这样才能真正受到用户欢迎。这些质量的全部内容就是所谓广义的质量概念,即全面质量管理是对与产品质量有关的人、财、物的全方位管理。

(2) 全过程的质量管理

全过程是指对产品质量的产生、形成和实现的每一个过程都要进行管理。所谓"全过程"是指产品质量的产生、形成和实现的整个过程,包括市场调研、产品开发和设计、生产制造、检验、包装、贮运、销售和售后服务等过程。因此,要保证产品的质量,不仅要对产品的形成过程进行管理,还要对形成以后的过程乃至使用过程进行管理,即把产品质量形成全过程的各个环节全面地管理起来,不仅要搞好制造过程的质量管理,还要搞好设计过程和使用过程的质量管理,要形成一个高效的质量管理工作体系。做到以防为主,防检结合,重在提高。

(3) 全员参加的质量管理

质量好坏涉及企业生产经营活动全过程、涉及各个部门,是企业各个生产环节、各个部门工作的综合反映。人员在其中处于决定性的主导地位,企业中每一个人的工作质量都会以各种方式不同程度地影响产品的质量。因此,必须把企业所有人员的积极性和创造性充分调动起来,要依靠全体管理人员、技术人员、操作人员的力量,使人人关心质量,个个做好本职工作,这样才能生产出价廉物美的产品。要实现全员质量管理,必须抓好质量管理教育,提高职工的质量意识,牢固树立"质量第一"的思想,同时,还要不断提高职工的技术素养、管理素质,制定各个部门、各级人员的质量责任制,各司其职,共同配合,这样才能适应不断深入开展的全面质量管理的需要。

(4) 质量管理方法多样化

随着现代化大生产和科学技术的进步以及生产规模的扩大和生产效率的提高,对产品质量提出了越来越高的要求。影响产品质量的因素也越来越复杂,既有物质因素,又有人的因素;既有技术因素,又有管理因素;既有企业内部的因素,也有企业外部的因素。要把如此众多的因素系统地控制起来并统筹管理,单靠数理统计的方法是不可能实现的,必须根据不同情况,灵活运用各种现代化管理方法和措施加以综合治理。经过世界各国在质量管理方面的实践,已形成了种类繁多的质量管理方法,除了假设检验、参数估计、0.618 法、正交试验等传统统计方法外,常用的质量管理方法有所谓的老七种工具,具体包括因果图、排列图、直方图、控制图、散布图、分层图、调查表;还有新七种工具,具体包括关联图法、KJ 法、系统图法、矩阵图法、矩阵数据分析法、PDPC 法、矢线图法。另外,一些新方法也不断问世,如质量功能展开(QFD)、田口方法、故障模式和影响分析(FMEA)、头脑风暴法、水平对比法等。

20 世纪 80 年代后期以来,全面质量管理得到了进一步的扩展和深化,逐渐由早期的 TQC(Total Quality Control)演化成为 TQM(Total Quality Management),其含义远远超出了一般意义上的质量管理的领域,而成为一种综合的、全面的经营管理方式和理念。随着经济、科学技术、文化教育的发展,计算机技术、通信技术、网络技术日益推动着质量管理学的理论与实践不断向前发展。质量及质量管理的内涵与外延不断发生新的变化,除了 ISO 9000 和六西格玛管理,还形成了其他一些新的观点、方法和模式,如质量文化管理、业务流程再造(BPR)、并行工程、5S 管理、精益生产、绿色制造、零缺陷观点、卓越绩效模式等。

三、全面质量管理的工作程序——PDCA 循环

PDCA 循环是由美国质量管理大师戴明(Deming)首先提出的,因此也称戴明循环,它是全面质量管理的科学工作程序。PDCA 循环过程就是发现问题、解决问题的过程。PDCA 循环是由计划(Plan)、执行(Do)、检查(Check)和处理(Action)的首个英文字母组成的。

1. 计划阶段

根据顾客的要求来确定组织质量管理的目标、方针、计划、标准和管理项目,并制定相应的措施和方法。由于管理对象的复杂性和难易程度不同,有的项目在计

划阶段就是一个庞大的系统工程,必须通过 PDCA 循环来逐步完善。

2. 执行阶段

执行阶段就是根据计划阶段确定的目标和要求进行实施。对于一个新项目来说,在实施以前应从思想上和方法上充分做好准备工作,要让各类人员明确有关的标准、要求。对关键的零部件和工序,要对有关人员做专门培训。

3. 检查阶段

检查实施中是否按照标准进行,其结果是否达到计划阶段的目标。检查中也可能发现原先制订的计划有缺陷,如目标不适当、措施不配套等。

4. 处理阶段

对于上一阶段检查出来的问题,经过全面、深入的分析,找到原因,采取措施。经过一段时间的运作,如果不发生异常情况,则可以把标准稳定下来,作为后面实际执行用。至此,一个 PDCA 循环算是结束了。

全面质量管理要求对产品或服务质量持续不断地改进,因此,PDCA 循环会被不断地应用,每一次应用都是对前一次的超越,产品(服务)的质量会跃上一个新的水平。PDCA 循环的动态过程如图 2.2 所示。

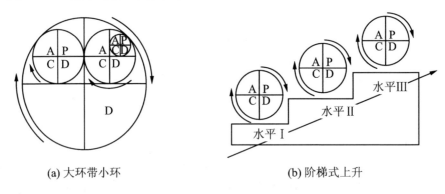

(a) 大环带小环　　　　　　　　(b) 阶梯式上升

图 2.2　PDCA 循环动态过程示意图

从图 2.2 可以看出,PDCA 循环有如下两个特点:

一是大环带小环。如果把整个组织的工作作为一个大的 PDCA 循环,那么各个部门、小组还有各自小的 PDCA 循环,就像一个行星轮系一样,大环带动小环,一级带一级,有机地构成一个运转的体系。

二是阶梯式上升。PDCA 循环不是在同一水平上循环,而是每循环一次,就解决一部分问题,取得一部分成果,工作就前进一步,水平就提高一步。到了下一次循环,又有了新的目标和内容,更上一层楼。图 2.2(b)表示了这个阶梯式上升的过程。在实施 PDCA 循环的过程中,根据不同的管理项目,可以灵活应用质量管理的各种方法,这也是项目成功的关键。

PDCA 循环不仅是质量管理科学的一大发明,而且对个体管理、团队管理、项目管理、供应商管理、人力资源管理、新产品开发管理、流程测试管理等都是一个行之有效的方法。PDCA循环中每一步的具体内容请参阅后续相关章节。

四、全面质量管理的基础工作

企业推行全面质量管理时，必须做好一系列的基础性工作，否则，再好的计划都会落空。基础工作主要包括：质量教育工作、标准化工作、计量工作、质量信息工作和质量责任制等。

1. 质量教育工作

质量教育工作是实行全面质量管理的一项带有根本性的基础工作。质量管理要"始于教育，终于教育，贯彻始终"。全面质量管理是对产品和工作不断改进的过程，在此过程中，会不断地涌现许多新的理念和方法，因此，人们必须自学和经常接受教育。质量教育主要包括质量意识教育、质量知识培训和质量技能培训三个方面。

2. 标准化工作

质量管理与标准化虽然是两个不同的学科，但两者有着非常密切的关系。标准化是进行质量管理的依据和基础。一方面标准是衡量产品质量和工作质量的尺度，另一方面标准又是企业进行生产、技术和质量控制的依据。没有标准，也就失去了管理的依据。因此，标准和质量在循环过程中互相推动，共同提高，标准化的活动贯穿质量管理的始终。

3. 计量工作

计量工作主要包括基础数据的测试、采集、传递、保存、化验、分析及计量手段的研究和计量设备的管理等内容。计量工作是确保产品质量的重要手段和方法。没有计量的准确性，就不能保证技术工作的准确性，就不可能正确地贯彻执行技术标准。统计技术是现代质量管理的核心工具，但它的有效性是建立在高质量的数据基础之上的，低质量或虚假数据的分析结果没有任何参考价值，甚至会产生误导。因此，如何保证数据的质量是计量工作的首要任务。

4. 质量信息工作

质量信息是指反映产品质量和产品生产全过程中各个生产环节工作质量的情报、数据等，其中包括各种有关的基本数据、原始记录，直至产品使用过程中反映出来的各种信息资料。质量信息工作，就是及时收集、传递、分析和评价相关质量信息，通过对数据的整理分析或计算机的信息处理系统，将蕴藏着重要质量状况的原始零散数据加工成可利用的有价值的质量信息，以帮助人们发现问题，寻找解决问题的途径。所以质量信息工作是质量管理的依据和基础，同时质量信息也是企业制定质量目标、政策和措施的依据。

5. 质量责任制

全面质量管理是全员参与的管理活动，因此每个人必须要有明确的分工。所谓质量责任制,就是对企业的每个员工在质量管理中的任务、职责和权力的明确规定,以便做到质量工作事事有人管,人人有责任,办事有标准,工作有检查,经济责任明确,功过分明,从上到下形成一个严密的、高效率的质量管理责任体系。

第三节　产品质量的波动及其统计描述

一、产品质量特性值

任何一种产品为满足人们的需要,都必须具有若干质量特性,反映这些质量特性的数值,称为质量特性值。根据质量特性值的特点,可分为计量值和计数值。

计量值数据也称为连续数据,是可以用测量仪器测定并具有连续性质的数据,数据中的任意两个基本值之间都可以无限细分,数据分布是连续的,如强度、寿命、长度、重量、压力、温度等。

计数值数据也称为间断数据,是用"个数"表示的具有离散性质的数据,数据中的任何两个基本值之间不可以无限细分,数据分布是离散的,如一匹布上的疵点数,一个铸件表面的气孔数或砂眼数等。

上述两类数值是从数量属性和性质属性分别来描述产品质量特性的。但不管是哪种质量属性的数值,所应用的数理统计的基本原理是相同的,只不过在质量管理过程中采用的控制方法不同而已。

二、产品质量特性的波动性

产品制造过程是产品质量形成的重要环节,在确认产品设计质量的前提下,它是实现产品设计质量的关键。构成制造过程的最基本单元是由工序加工出来的,即产品制造质量是由许多工序的加工过程逐渐形成的。因此,工序是质量保证体系中的基本环节,对各工序的质量进行控制是实现产品设计质量的有力保证。任何一种产品其工序质量都是由操作人员在一定的环境中,运用机器设备,按照规定的操作方法和检测方法,对原材料加工制造出来的。即通过相关资源的输入转化为具有一定质量特性的产品输出,如图2.3所示。

生产实践证明,任何一道工序,无论其设备和工艺装备的精度多么高,操作者的技术水平多么精湛,原料、工艺方法、测试手段控制得多么精确,环境的变化多么小,但由于这些质量因素在生产过程中不可能保持绝对不变,所以加工出来的产品质量总是存在着差异。产品质量特性值这种客观存在的差异,称为产品质量的波动性或变异性。机械加工中所采用的公差制及各种产品所规定的标准范围就是对这种差异性的承认和运用。现以两个例子来进一步说明波动的概念。

图 2.3　产品质量特性形成过程示意图

【例1】　A,B 两公司同时向一个用户提供同样的产品,用户要求订货后 10 天左右交付产品,并希望交货时间前后不要超过两天。A,B 两公司半年内产品交付时间记录见表 2.1。

表 2.1　A,B 两公司半年内产品交付时间记录　　　　　单位:天

No.	1	2	3	4	5	6	7	8	9	10	11	12	13	14	15	平均值	标准差
A	11	9	12	10	13	7	6	15	14	8	9	13	12	11	10	10	2.36
B	10	9	11	12	10	11	9	8	10	11	12	10	8	10	11	10	1.23

图 2.4 是表 2.1 数据的转化。从图 2.4 中可见,虽然两公司产品交付时间的平均值都是一样的(均为 10 天),但 A 公司产品交付时间的波动比 B 公司大,而且有的产品交付时间已经超出许可要求。因此 B 公司的绩效好于 A 公司。

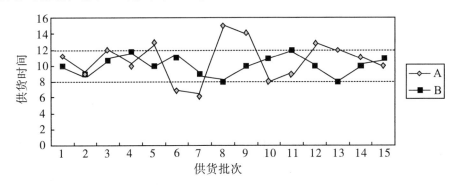

图 2.4　A,B 两公司半年内产品交付时间波动图

【例2】　如果有两组数据分别为 1,2,3,4,5 和 3,3,3,3,3,虽然它们的平均值都是 3,但它们的分散程度是不一样的,如图 2.5 所示。

数据上的差异与企业的经营业绩联系起来具有特殊的意义。例如,顾客要求产品性能是 2.8～3.2 mm;产品交付时间是 2.5～3.5 天;每批产品交付数量是 3 件等。如果第一、二组数据分别是供应商 A,B 所提供的产品性能、交付时间、交付

数量等的测量值,在同样的价格和其他同等条件下,顾客更愿意购买 B 产品。因为 B 产品的各项实际数值都与顾客要求的目标值最接近。

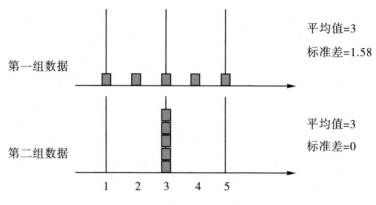

图 2.5 数据分散示意图

假如这些数据代表了服务响应时间、顾客满意程度、产品开发周期等,这些数据与顾客要求的离散程度以及与竞争对手的差异,就有了管理上的特殊意义。这就要求人们在观察、分析和评判质量等问题时,不仅要看平均值,还要看系统或整体的波动状况。平均值虽然能整体上反映问题的一个方面,但仅用平均值看问题,可能会掩盖问题的不利面。因为平均值体现不了内部的差距,甚至会产生错觉。因此在进行业绩评价时除了要看平均值,更要看波动状况。波动是质量的"敌人",质量与波动成反比。质量改善就是持续减少产品设计和制造过程的波动;质量管理就是要研究质量波动的原因、波动的规律并控制波动的大小,使波动最大限度地保持在顾客要求的范围内,从而达到控制和改进产品质量的目的。抓住了波动才真正抓住了问题的实质,这也是六西格玛管理的基本出发点。

三、基于波动原理的六西格玛管理的概念模型

由以上分析可知,任何一个由输入转化为输出的过程,都会出现由于输入的波动而有波动的输出,这一基本事实在六西格玛管理中用如下的概念模型加以描述:

$$Y = f(x_1, x_2, \cdots, x_n) \tag{2.1}$$

式中,Y 代表输出变量,如果输出的是产品,Y 代表顾客需求的关键质量特性;x 代表输入变量。式(2.1)表达的意义是,产品的关键质量特性受各输入变量的影响,要想获得满意的质量特性,必须找出能够影响关键输出变量特性的关键输入变量,以通过调控该关键影响因素来改进和优化关键输出变量,使产品的质量特性最大限度地满足顾客的需求。这是实施六西格玛管理的重要一环,有关这一点在后续相关章节中还要详述。

第四节 产品质量波动性的原因

引起质量波动变异的原因可以从来源和性质两个方面来分析。

一、从来源上分

从来源上可以分为 5M1E,即:人(Man)、设备(Machine)、材料(Material)、方法(Method)、测量(Measure)、环境(Environment)。

1. 人的因素

人的因素主要包括各种工作岗位上工作人员的业务技能、工作责任心、身心健康状况及综合素质等。人的因素是影响质量的最主要因素,是影响其他质量因素的因素。

2. 设备因素

设备因素主要包括设备的技术性能、机器的制造安装精度、维护保养状况、运行的稳定性和可靠性、定位装置和传动装置的准确性以及生产设备之间及流水线上各机器设备的匹配协调状况等。

3. 材料因素

材料因素主要包括材料的成分、配比、尺寸、纯度、温度、湿度以及各种力学性能、物理性能、化学性能和特殊性能等。

4. 方法因素

工艺方法因素主要包括工艺流程的设计与布局、工序的安排与衔接、工艺方法、操作规程、作业指导书、技术规范等。

5. 测量因素

测量因素主要包括测量人员的技术水平、测量仪器设备的精度、测量方法、测量材料试剂以及测量环境等。这些测量因素控制的水平如何直接影响测量的判定。

6. 环境因素

环境因素是指各种现场的环境质量状况,主要包括振动、噪声、粉尘、温度、湿度、光照等。

总体上 5M1E 对各种生产质量、服务质量和工作质量等都有影响,只不过对不同行业、不同过程的影响程度不同而已。重要的是在众多的影响因素中应力求寻找出关键影响因素,并重点控制好。

二、从性质上分

从性质上可以分为随机性因素和系统性因素。

1. 随机性因素

随机性因素的特点是数量很多,且这些因素的来源和表现是多种多样的,大小和方向是随机的,各自对产品质量的影响都比较小,对其测度十分困难。如设备的微小振动、原材料质量的微小差异、设备的正常磨损、电网电压的微小波动、操作的细微不稳定性等。由此产生的随机误差值围绕在目标值附近忽大忽小,取值可正可负,这样尽管构成的随机因素很多,但加起来由于其正、负作用大都能相互抵消,最终对产品质量的影响是微小的。

显然,随机因素是不可避免的,是一种正常现象,因为在任何情况下都不可能有完全相同的加工条件。

2. 系统性因素

系统性因素的特点是因素的数量不多,但对产品质量的影响却很大,在一定条件下可以发现并能控制或消除。例如,使用了不合格的原材料、设备的严重磨损、操作方法有误等。由此产生的系统性误差值将逐渐背离目标值,达到一定程度,就有可能出现废品。因此,需要及时发现,并根据其变化规律和发展速度的快慢在适当时机采取相应措施,以纠正系统性因素带来的不利影响。

在各类生产经营或服务过程中,虽然同时存在着两类性质不同但又相互交织在一起的影响质量的因素,但可以根据它们的不同特征和变化规律,利用与之相应的统计技术或建模方法予以区别,分而治之。所以,对两类影响质量因素的区分是质量控制的基础,也是实施六西格玛管理的最基本的问题。

综上所述,无论是生产经营还是服务过程,相对于顾客要求的质量目标值总存在着或多或少的质量波动,达不到质量目标值就意味着有额外成本的付出,这些额外成本也称为劣质成本,该成本将由企业本身、顾客或社会来承担。六西格玛管理的基本理念之一就是找出质量波动的规律、原因,采取应有的措施来减少分散性,提高集中度,从而提高质量特性的一致性,最大限度地接近顾客需求的质量目标值,同时降低成本,提高效益。

第五节 产品质量波动性的规律

由概率统计理论可知,一般任何一个随机变量都有一个相应的概率分布。既然每一个产品的质量特性都不可能完全相同,则产品质量的特性值实质上是一个随机变量,其总体也显然遵循一定的概率分布。但由于存在影响产品质量因素波动的大小和性质不同,产品质量特性值概率分布的状态(位置和形状)是完全不同的,这也正是在质量控制中能区分两类性质不同的影响因素的理论基础。

对生产制造过程而言,在有随机因素的工序状态中,由于对加工对象影响微小的众多因素的作用,每一个加工对象的测量值都是变化莫测的。因此,单个产品不能揭示出质量波动性的性质和变化规律性,单个产品零件的质量波动性大小也不能代替整批产品的平均波动性的大小。但是,如果对一批产品的波动性进行统计描述,便可以发现它们遵循着一定的统计规律,这是一批产品波动性的"集体规律"。这个集体规律性,完全可以用概率统计的方法作定量描述,并且能估算出波动性的大小和范围,并作为判断加工质量的依据。

一、质量特性波动的分布

下面从某一产品质量测试的统计结果来说明质量波动的分布。

【例3】 已知某一产品的质量特性要求伸长 8~24 mm。现以加工后的 50 件产品进行分析,质量测试结果数据如表 2.2 所示。

表 2.2 某产品质量测试值   单位:mm

10	19	11	21	16	14	12	15	16	16
16	16	23	13	17	14	12	17	16	16
10	15	17	15	16	13	16	19	15	16
16	14	16	17	14	18	14	12	15	19
13	14	14	15	18	15	22	20	17	18

上述数据如果不进行分组整理,很难看清数据的分布特征。现按数据大小出现的频数进行分组,如表 2.3 所示。

表 2.3 数据的频数分布表

组 号	区 间	频 数
第一组	9.5~11.5	3
第二组	11.5~13.5	6
第三组	13.5~15.5	14
第四组	15.5~17.5	16
第五组	17.5~19.5	7
第六组	19.5~21.5	2
第七组	21.5~23.5	2

现以横坐标表示质量特性（本例为加工尺寸），纵坐标为频数（频率），在横轴上标明各组组界，以组距为底，频数为高形成图2.6的直方图。

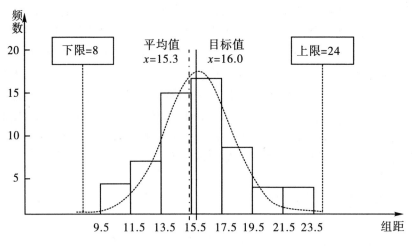

图2.6　某产品质量特性的直方图分布

直方图是在直角坐标系中将质量数据按顺序分成若干间隔相等的组，以组距为底边，以落入各组的数据频数为依据，按比例构成的若干矩形条排列的图。直方图适用于对大量数据进行整理加工，找出其统计规律，即数据分布的形态，以便对其总体的分布特征进行分析。其具体作用是：观察与判断产品质量特性分布状况；通过直方图形状，判断生产过程是否正常，判断工序是否稳定，并找出产生异常的原因；计算工序能力，估算生产过程不合格品率。

在直方图上通过与公差限的结合，可直观快速地判断工序能力和质量状况，直观地发现工序是否异常。

二、质量波动的规律

1. 质量特性波动的正态分布

从图2.6可以初步看出，该产品质量特性的分散范围在9.5～23.5，没有超出质量界限。且数据很小和数据很大的占的比例都比较小，大部分数据集中在13.5～17.5。由此可通过直方图的形状来判断生产过程的质量是否稳定，了解产品质量特性的分布状况、平均水平和分散程度，判断过程能力是否满足要求，废品是否发生，从而为分析产品质量问题的原因、制定提高产品质量措施提供理论支持。

理论和实践都已证明，当生产过程稳定时，任何一组质量数据，当其数据个数超过一定量时（通常要多于50个数据），都会呈现出直方图形式的分布，如果数据的分组再细一些直至取无穷小，直方图就会演变成正态分布，如图

2.7所示。

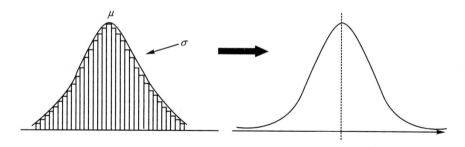

图 2.7　直方图趋近光滑曲线向正态分布逼近示意图

根据概率论的中心极限定理,n个相互独立的具有同分布的随机变量之和的分布渐近于正态分布。该中心极限定理还导出另一个重要结论,即:相互独立且服从同一分布,但不一定都服从正态分布的随机变量之和,在n充分大(一般n>30~100)时,也近似地服从正态分布。这样就把少量的即使不服从正态分布的质量参数近似地按照正态分布的特征去处理,使问题大大得以简化,同时又不失准确性。所以概率论的中心极限定理在质量管理和控制领域的直观意义是:在生产制造或服务等过程中,众多彼此相互独立的随机因素共同对作用对象产生影响。因为个别值所表现的随机差异,在整体中相互抵消而形成围绕某数值差异小的数量多,即其出现的概率大,差异大的数量少,即其出现的概率小,最终使总体呈现正态分布。也就是说,在随机因素作用下,过程处于稳定状态时,产品或服务质量的波动服从正态分布。这样一来可以利用正态分布的性质去描述控制随机性因素的大小和范围。在加工或服务等过程中,一旦上述正态分布所依存的条件遭到破坏,即在众多微小的随机因素中,有某个因素的作用变大起来,则产品或服务的质量就偏离了已有的分布,这个显著变大的因素就是系统性因素。因此,完全可以利用随机因素所遵循的正态分布规律是否发生变化,来把随机性因素与系统性因素区分开来,从而可以有的放矢地采取措施把影响质量的系统性因素降低或消除。

所谓正态分布是指若因变量$f(x)$与自变量x满足式(2.2),则服从正态分布。记

$$f(x) = \frac{1}{\sigma\sqrt{2\pi}} e^{-(x-\mu)^2/(2\sigma^2)} \quad (-\infty < x < +\infty) \tag{2.2}$$

按照统计学的观点,任何一种产品的质量特性值作为一个总体X是一个随机变量。具体的每个产品的特征值就是随机变量的取值。随机变量X的分布也称为总体的分布,如X遵从正态分布就称该总体为正态分布。记作:$X \sim N(\mu, \sigma)$,称随机变量X服从参数μ和σ的正态分布。其中$f(x)$为X的概率密度函数,如图2.8所示。

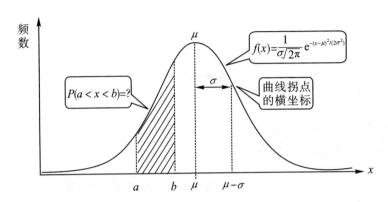

图 2.8 随机变量的正态分布曲线

2. 正态分布的特征

(1) 对称性

随机变量特性值 x 可正可负,但绝对值相等的正负变量特性值出现的次数相等,即图形特点是曲线关于 $x=\mu$ 对称,并在 $x=\mu$ 处达到最高。然后向两边下降,在 $x=\mu\pm\sigma$ 处有拐点。当 $x\rightarrow\pm\infty$ 时以水平轴为渐近线。

(2) 补偿性

在相同条件下,当测量次数为无限多时,即当 $n\rightarrow\infty$ 时,全体变量特性值的代数和为 0,即 $\lim\limits_{n\rightarrow\infty}\sum\limits_{i=1}^{n}x_i=0$,正特性值与负特性值相互抵消。

(3) 单峰性

在平均值不变的前提下,标准差 σ 越小,分布曲线越陡,变量检测值越集中,绝对值很大的误差几乎不出现。

3. 正态分布的特征值

在正态分布等各种分布中,随机变量所遵循的概率分布一般都存在一个集中的位置和波动(分散)的趋势,并且可以定量地反映分布的这些特征。分布曲线的集中位置和波动趋势通常用总体平均值 μ 和总体标准差 σ 等特征数来描述。平均值 μ 是个概括值,反映了特性值的集中位置与目标值的偏移大小,从总的方面反映了整体的水平,而不顾及构成总体的个别个体。标准差 σ 是构成总体的所有个体与总体均值 μ 的差异程度,它反映了个体间以平均值为中心的密集程度,其值越小,说明其波动性越小,密集程度越高,总体平均值的代表性越好;其值越大,说明其波动性越大,密集程度越低,总体平均值的代表性越差。在生产实际中,μ 和 σ 共同影响着加工质量的高低,偏移小、分散小,说明产品质量的分布精确度高,工序的加工质量高,产品好;反之,则得出相反的结论。显然,所谓生产过程控制状态如何,就是指一个工序总体分布的平均值 μ 和标准差 σ 的状态如何,所谓生产过程处于稳定状态,就是指在给定的条件下在尽可能长的时间内,保持质量特性值分布的中心位置(平均值 μ)在目标值附近;波动范围(标准差 σ)在公差带之内。

综上所述,产品质量的特性值作为一个随机变量在总体上是服从正态分布的。正态分布的位置和形状可以通过其特征量平均值 μ 和标准差 σ 来描述。μ 和 σ 的大小是由生产过程的状态决定的,而生产过程的状态主要是由人、机、料、法、测、环六大因素所构成,这六大因素由于各自大小的不同,又可形成系统性因素和随机性因素。这两类不同的性质影响着 μ 和 σ 的大小(图 2.9),并反映出加工质量的好坏。

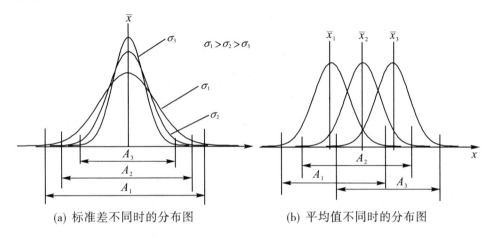

(a) 标准差不同时的分布图　　　(b) 平均值不同时的分布图

图 2.9　加工质量的分布函数图

通过对 μ 和 σ 变化状态的分析,就可区分出系统性因素或随机性因素所造成的质量差异或质量特性的变化趋势,以便有针对性地实施质量控制。这种逻辑关系是质量控制的基本原理。

4. 正态分布的概率计算

通过数学计算,可求出概率密度函数 $f(x)$ 与横轴所围成的面积为 100%,即

$$F(x) = \int_{-\infty}^{+\infty} f(x)\mathrm{d}x = \int_{-\infty}^{+\infty} \frac{1}{\sigma\sqrt{2\pi}} \mathrm{e}^{-(x-\mu)^2/(2\sigma^2)} f(x)\mathrm{d}x = 1 \qquad (2.3)$$

式中,x 为质量特性值(重量、尺寸、强度、成分等);μ 为质量特性值的总体平均值;σ 为质量特性值的总体标准差。

正态分布曲线下某一区间的面积表示该特性值在该区间内取值的可能性大小。介于 x_1 与 x_2 之间的面积便是随机变量 X 在 x_1、x_2 间取值的概率大小,常用 $P(x_1 < X < x_2)$ 表示。

根据图 2.10 可见,$x = \mu$ 附近的取值的可能性较大,远离则较小;而且

$$P(x_1 < X < x_2) = P(X < x_2) - P(X < x_1) \qquad (2.4)$$

因此只要求出概率 $P(X < x)$,便可求出随机变量 X 在任一区间内取值的概率。由于概率 $P(X < x)$ 是 x 的函数,所以一般 $F(x) = P(X < x)$,$F(x)$ 称为随机变量 X 的分布函数。

特别地,若参数 $\mu = 0$,$\sigma = 1$,即 $X \sim N(0,1)$,则称 X 为标准正态分布的随机变

量。可以证明,当随机变量 X 服从正态分布,即 $X \sim N(\mu,\sigma)$,通过变量代换 $Z=\dfrac{X-\mu}{\sigma}$ 可把一般正态分布转换为标准正态分布 $X \sim N(0,1)$,如图 2.11 所示。

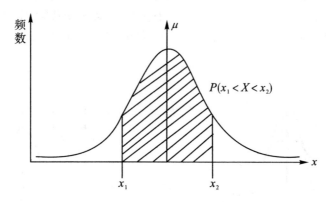

图 2.10　正态分布的概率分布

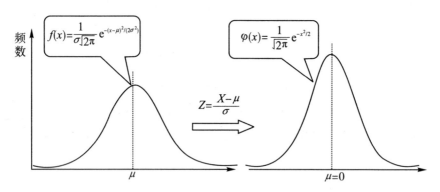

(a) 一般正态分布 $X \sim N(\mu,\sigma)$ 示意图　　(b) 标准正态分布 $X \sim N(0,1)$ 示意图

图 2.11　正态分布示意图

标准正态分布的密度函数及分布函数分别记为 $\varphi(x)=\dfrac{1}{\sqrt{2\pi}}e^{-x^2/2}$、$\Phi(x)=\dfrac{1}{\sqrt{2\pi}}\int_{-\infty}^{x}e^{-x^2/2}dt$,对于一般的正态分布,在任意区间 (x_1,x_2) 内随机变量 X 的取值概率 $P(x_1<X<x_2)$ 为

$$P(x_1<X<x_2)=F(x_2)-F(x_1)=\dfrac{1}{\sigma\sqrt{2\pi}}\int_{x_1}^{x_2}e^{-x^2/2}dx \qquad (2.5)$$

作变量代换 $Z=\dfrac{x-\mu}{\sigma}$,得

$$P(x_1<X<x_2)=F(x_2)-F(x_1)=\dfrac{1}{\sigma\sqrt{2\pi}}\int_{\frac{x_1-\mu}{\sigma}}^{\frac{x_2-\mu}{\sigma}}e^{-Z^2/2}dZ$$

$$=\Phi\left(\frac{x_2-\mu}{\sigma}\right)-\Phi\left(\frac{x_1-\mu}{\sigma}\right)$$

则

$$P(X\leqslant x)=\Phi\left(\frac{x-\mu}{\sigma}\right),\quad P(X>x)=1-\Phi\left(\frac{x-\mu}{\sigma}\right) \tag{2.6}$$

【例4】 已知 $X\sim N(\mu,\sigma)$，求 $P\left(\left|\frac{x-\mu}{\sigma}\right|\right)<k$，其中，$k=1,2,3,4,5,6$。

解

$$P\left(\left|\frac{x-\mu}{\sigma}\right|\right)<k = P(\mu-k\sigma<x<\mu+k\sigma)$$
$$=\Phi(k)-\Phi(-k)$$
$$=2\Phi(k)-1$$

当 $k=1$ 时

$$P\left(\left|\frac{x-\mu}{\sigma}\right|\right)<1 = 2\Phi(1)-1 = 0.6826$$

当 $k=2$ 时

$$P\left(\left|\frac{x-\mu}{\sigma}\right|\right)<2 = 2\Phi(2)-1 = 0.9545$$

当 $k=3$ 时

$$P\left(\left|\frac{x-\mu}{\sigma}\right|\right)<3 = 2\Phi(3)-1 = 0.9973$$

当 $k=4$ 时

$$P\left(\left|\frac{x-\mu}{\sigma}\right|\right)<4 = 2\Phi(4)-1 = 0.99994$$

当 $k=5$ 时

$$P\left(\left|\frac{x-\mu}{\sigma}\right|\right)<5 = 2\Phi(5)-1 = 0.9999994$$

当 $k=6$ 时

$$P\left(\left|\frac{x-\mu}{\sigma}\right|\right)<6 = 2\Phi(6)-1 = 0.999999998$$

根据上述计算可知，随机变量的特性值落在 $(\mu-k\sigma<X<\mu+k\sigma)$ 内取值的概率为 P_k，特性值落在该区间外的概率为 $1-P_k$，根据不同的 k 值落在 $\pm k\sigma$ 范围内的概率可用图2.12和表2.4来表示。

把一般的正态分布转换为标准正态分布后，在质量管理学上具有重要的意义。在标准正态分布条件下，只要计算出任一过程的平均值 μ 和标准差 σ，再通过查标准正态分布表即可确定在规定区间内质量的合格率，从而可定量地对质量控制水平进行判断（后面还会详述）。

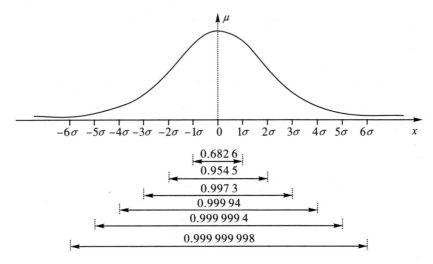

图 2.12　标准正态分布曲线示意图

表 2.4　不同 k 值落在 $\pm k\sigma$ 范围内的概率

k	1	2	3	4	5	6
$P_k(\%)$	68.26	95.45	99.73	99.994	99.999 94	99.999 999 8
$1-P_k(\%)$	31.74	4.54	0.27	0.006	0.000 1	0.000 000 2

第六节　质量控制的数理统计学基础

一、总体和样本

以上讨论的平均值 μ 和标准差 σ 都是对过程（工序）总体的参数而言的，要精确地获得其具体数值，需要收集总体每一个样品的数值。这对于一个无限总体或数量很大的有限总体来说检测工作量之巨，基本上是不可能完成的或者是不必要的。在实际工作中，一般是从总体中随机地抽取样本对总体参数进行统计推断。

所谓总体就是研究对象的全体。一批零件、一个工序或某段时间内生产的同类产品的全部都可以称为总体。构成总体的基本单位称为个体，每个零件、每件产品、每炉钢等都是一个个体。所谓样本就是从总体中抽出来一部分个体的集合。样本中每个个体叫样品，样本中所包含样品数目称为样本大小（样本量），常用 n 表示。对样本的质量特性进行测定所得的数据就是样本值。样本个数越多时,分析结果越接近总体值,样本对总体代表性就越好。由于样本中含有总体的各种信息,因此样本是很宝贵的。但是,如果不对样本进一步提炼、加工、整理,总体的各种信息仍分散在样本的每个样品中。为了充分利用样本所含的各种信息,常常把样本加工成它的函数,并将这个不含未知参数的样本函数称为统计量。

二、统计推断过程

过程控制的实质,就是一个统计推断过程。所依据统计量的形式,应根据统计推断的目的和应用条件不同而有所不同。从使用和简化样本的平均值 $\bar{x}$(或称为总体估计值 $\hat{\mu}$)和样本的标准差 S(或称为总体估计值 $\hat{\sigma}$)来推断总体的分布状况,统计推断的过程如图 2.13 所示。根据数理统计中的伯努利大数定律,当样本数 n 足够大时,样本的分布函数将近似地等于总体的分布函数,这就是利用样本推断总体的理论依据。

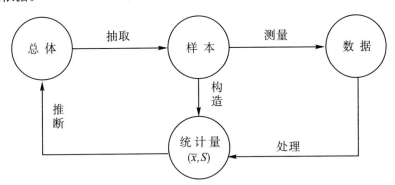

图 2.13 统计推断过程示意图

通过人们的长期实践,形成了解决质量问题的统计方法论:即把一个实际问题构造成统计问题,进而从统计学的观点形成分析问题和解决问题的方案去解决实际问题。

三、质量数据统计特征值的计算

质量数据是指某质量指标的质量特性值,由于质量一词含义丰富,既包括狭义的产品质量,也包括广义的工作质量,因而质量指标在企业中是多种多样的,质量数据在企业中几乎无处不在。

狭义的质量数据主要是与产品质量相关的数据,如不良品数、合格率、流通率、返修率等。广义的质量数据指能反映各项工作质量的数据,如质量成本损失、生产批量、库存积压、无效作业时间等。这些均将成为六西格玛管理的研究改进对象。

质量数据定量化分析对企业质量管理以及经营管理都具有重要意义,通过研究,我们把质量管理的基本任务分为两个层次。质量管理的基本任务是利用相关质量工具分析实际质量状况,及时发现异常,并消除质量异常;质量管理第二层次的任务是持续改进质量水平,持续降低质量波动,即减少样本的标准差。第二层次任务的实现依托于第一层次任务的实现。

在质量数据统计分析中,特别要关注三项指标,一是数据的集中位置,二是数据的分散程度,三是数据的分布规律。前已叙及,各种质量参数作为一个随机变量所遵循的概率分布一般地说都存在一个集中的位置和分散趋势,并且可以定量地反映其分布的特征。数据的集中位置分别有平均值、中位数、众数三种表示方法,质量数据的分散趋势常用样本标准偏差和样本极差来表示。数据的分布规律在质量管理中对统计总体而言为正态分布,该分布规律是理论和实践都已证明的统计规律。质量数据统计分析重点就是在总体正态分布这个已知背景下研究该正态分布的平均值和标准差。下面介绍它们的基本概念和计算方法。

1. 样本平均值

样本平均值是个概括值,它综合了总体的特征,从样本的角度反映了总体的平均水平。其计算公式为

$$\hat{\mu} = \bar{x} = \frac{1}{n}\sum_{i=1}^{n} x_i \tag{2.7}$$

式中,n 是测量的样本数量;$x_i(i=1,2,\cdots,n)$ 为 n 次测量所得的值。

2. 中位数

将一列数据按从小到大的顺序排列,位于中间位置的那个数就是中位数。对于波动较小的总体来说其代表性较好,并且因其计算简便,而经常被用来反映数据分布的集中位置。

3. 众数

众数指在一批数据中,出现次数最多的那个数。它在一定意义上也反映了数据分布的集中位置。

4. 样本标准偏差

$$\hat{\sigma} = S = \sqrt{\frac{1}{n-1}\sum_{i=1}^{n}(x_i - \bar{x})^2} \tag{2.8}$$

式中,n 和 x_i 的意义同上;$\bar{x}$ 为样本平均值。

5. 极差

极差指一批数据的最大值与最小值之差。

$$R = x_{\max} - x_{\min} \tag{2.9}$$

下面以一个实例来说明它们的计算。

【例5】 求例1中 A,B 两公司交货日期的平均值和标准差。

解 将例1中的数据分别代入式(2.7)、式(2.8),得

$$\hat{\mu}_A = \bar{x}_A = \frac{9+10+11+\cdots+11+8}{15} = 10(天)$$

$$\hat{\mu}_B = \bar{x}_B = \frac{10+9+10+\cdots+10+11}{15} = 10(天)$$

$$\hat{\sigma}_A = S_A = \sqrt{\frac{1}{15-1}\left[(9-10)^2+(10-10)^2+\cdots+(8-10)^2\right]}$$
$$= 2.13(天)$$

$$\hat{\sigma}_B = S_B = \sqrt{\frac{1}{15-1}\left[(10-10)^2+(9-10)^2+\cdots+(11-10)^2\right]}$$
$$= 0.80(天)$$

由以上计算可知,A,B两公司虽然交货时间的平均值都是一样的,即 $\bar{x}_A = \bar{x}_B = 10$ 天,但交货时间的波动性是不同的,体现在标准差上大小是不同的,即 $\hat{\sigma}_A = S_A = 2.13$ 天, $\hat{\sigma}_B = S_B = 0.80$ 天。B公司的 $\hat{\sigma}$ 值小于A公司的 $\hat{\sigma}$ 值是由于B公司全部15个批次的供货时间均在用户要求的范围内,反映其交货时间的一致性较集中;而A公司虽然交货时间的平均值也是10天,但A公司交货时间的波动性很大,不仅很少有准时交货的,且交货时间的分散程度最大达9天,其中不少交货时间都超出了用户要求,所以B公司的业绩好于A公司的业绩。

本例表明:一个产品或服务过程的质量数据标准差 σ 的大小反映了质量水平的高低,所以六西格玛管理是采用 σ 尺度来衡量绩效的。

第七节 质量特性正态分布曲线与质量标准

在生产或服务过程中,由于存在各种随机性因素和系统性因素的影响,使加工的产品和服务的质量各不相同。为了实现对生产或服务过程的质量控制,需要根据顾客的需求合理地制定质量控制界限,并通过质量控制界限判断加工状态是否稳定,从而进一步判断是否有不合格品出现。为此,把生产或服务过程中的技术或服务标准作为质量控制界限,把实际生产或服务过程中的质量参数分布范围与相应的质量控制界限放在一起即可进行质量判定。

如图2.14所示,图中 μ 为质量特性值的平均值,σ 为标准差,M 为产品的技术标准中心值,T_u,T_l 分别为质量技术标准的上、下限。

由图2.14可知,当实际质量参数分布范围超过可接受的偏差范围时,将有废品出现。在不同的生产或服务过程中由于质量控制水平的差异,同一产品质量参数分布范围也是不同的,从而生产出的产品质量或服务质量也是千差万别的,如图2.15所示。

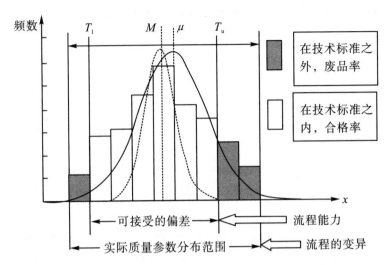

图 2.14　质量特性正态分布曲线与质量标准组合示意图

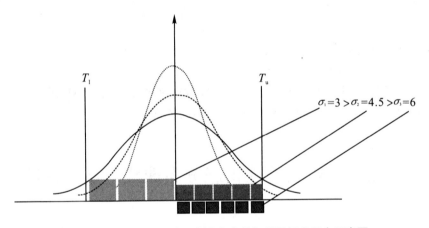

图 2.15　不同质量特性正态分布曲线与质量标准组合示意图

为了不出或少出不合格品,人们总是希望影响产品质量的人、机、料、法、测、环各种因素在过程中波动越小越好,反映在结果上就是过程质量参数的标准差 σ 尽可能小,以至于在技术标准范围内容纳的标准差 σ 越多越好,如图 2.16 所示。同时,过程质量参数的平均值 μ 尽可能与技术标准中心重合(理论上可设想,实际上做不到)。图 2.17 是实际质量参数分布与质量控制界限可能的位置关系。

根据质量参数分布状况即可进行质量判定。

一是判断生产过程的控制状态(平均值变化,标准差不变)。图 2.18 表示某加工零件的长度尺寸测量值的数据分布状态,假设测量数据的平均值 μ 与技术标准的中心 $M=\dfrac{T_u+T_l}{2}$ 重合,这时生产过程处于稳定的控制状态;而如果出现 $\mu\neq M$ 的情况,则说明生产过程处于非稳定的失控状态。$\mu>M$ 表示零件长度尺寸偏长的一个失控状态；$\mu < M$ 表示零件长度尺寸偏短的一个失控状态。失控与否可以通过正态分布总体平均值 μ 的变化显示出来，若出现，分析原因，采取措施，调整恢复到 $\mu = M$ 的状态。

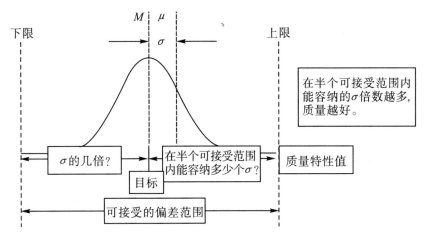

图 2.16　质量特性正态分布曲线与质量技术标准的关系示意图

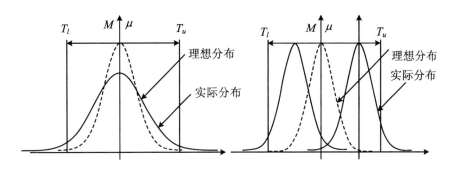

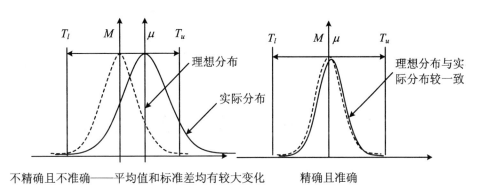

图 2.17　实际质量参数分布与质量控制界限可能的位置关系示意图

二是判断产品的质量状况（平均值不变，标准差变化）。图 2.19 表示如果 $\sigma =$

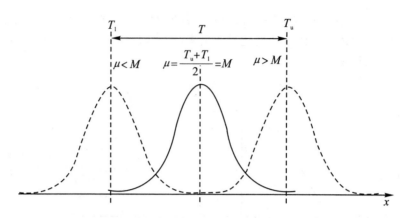

图 2.18 正态分布状况对质量的影响示意图

1.0 是符合质量标准要求的;σ=1.5 的生产状态会出现越出上公差和下公差的不合格品;σ=0.5 时说明质量特性值分布更集中了,加工质量提高了(采用了新技术、新工艺、新设备等)。

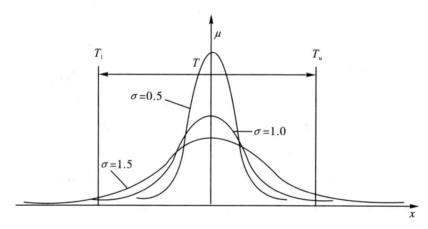

图 2.19 正态分布状况对质量的影响示意图

需要注意的是,在生产实际中,质量参数的平均值 μ 和标准差 σ 都在变化,只不过幅度不同,需要综合考虑。

第八节 六西格玛管理的含义与特点

通过以上各节的介绍,现在我们回答本章一开始提出的问题,即什么是六西格玛,什么是六西格玛质量水平,什么是六西格玛管理及六西格玛管理的特点等。

一、什么是六西格玛

从前面几节的介绍,我们已经知道西格玛是希腊字母 σ 的中文译音,统计学上用来描述正态数据的离散程度,表示标准偏差,即数据的分散程度。目前,在质量管理领域,用来表示质量控制水平。对连续性计量数据,可用 σ 度量质量特性总体上对目标值的偏离程度。用在质量领域 σ 是表示质量的统计尺度。任何一个生产或服务等过程的输出质量都可以用几个西格玛来表示,在规定的质量界限内,质量特性的西格玛(σ)越小,则西格玛(σ)的倍数越多,表明其一致性越好,质量越好。理解了这一点,就容易理解六西格玛的含义了。

六西格玛有狭义和广义之分。从狭义上说,六西格玛最初的含义是建立在统计学中最常见的正态分布基础上的。它考虑了 1.5σ 的偏移,若一个过程具有 6σ 能力,则意味着过程平均值与其规格上、下限的距离为 6 倍标准差。此时过程波动减小,每 100 万次机会仅有 3.4 次落入规格限以外。因此,作为一种衡量标准,σ 的数值越小,σ 的个数也越多,质量就越好。简言之,任何一种产品或服务当质量界限定在 $\pm 6\sigma$ 时,每百万个产品或服务最多有 3.4 次不良机会发生。从广义上说,六西格玛是一种度量工具,用来评价或衡量一个产品或服务的质量标准。六西格玛作为一个标准,是衡量每一件事或过程的标准尺度,它具有客观性,如表 2.5 所示。

表 2.5 不同 $k\sigma$ 值所对应的质量标准

$\pm k\sigma$	ppm 值(百万分之数)	工序能力指数 C_p	合格率
$\pm 1\sigma$	691 500	0.33	30.85%
$\pm 2\sigma$	308 537	0.667	69.15%
$\pm 3\sigma$	66 807	1.00	93.92%
$\pm 4\sigma$	6 210	1.33	99.38%
$\pm 5\sigma$	233	1.667	99.977%
$\pm 6\sigma$	3.4	2	99.999 66%

20 世纪 80 年代在推广全面质量管理时,有个非常重要的质量准则,即"3σ 原则",认为 3σ 是接近最优的。事实上 3σ 质量水平在许多情况下是不能令人满意的。以下仅举几例:

(1) 如果某电子系统由 20 块印刷电路板组成,每块板上有 500 个焊点,即整个系统有 10 000 个焊点。如果焊接质量达到 3σ 水平,即合格率为 99.73%,那么就有可能出现 27 个虚焊点,从而该电子系统很难进行工作。而如果采用 6σ 质量水平控制,在 10 000 个焊点中,可能出现虚焊点的个数最大仅为 0.034。

(2) 如果一本书有 50 万字,合格率达到 99.73%,则意味着该书中将有 1 350 个错误;如果每页平均有 1 500 个字,那么每页的平均错误就有 4 个,读者必定难以忍受。而如果采用 6σ 质量水平控制,则全书只会出现 1~2 个。

(3) 任何一台设备都由许多部件组成,即使每一部件的合格率都达到 99.73%,那么设备的合格率也会很低,表 2.6 就显示了这一点。从该表可知,当一台设备由 100 个部件组成时,即使每一部件都达到 99.73% 的合格率,但是设备的合格率只有 76.31%;如果一台设备由 500 个部件组成,设备的合格率仅为 25.88%。而采用 6σ 质量水平控制时,由 500 个部件组成的设备其合格率可高达 99.83%,如表 2.6、表 2.7 所示。

表 2.6 3σ 质量水平下不同部件组成的设备合格率

设备部件数	1	10	50	75	100
设备合格率	99.73%	97.33%	87.36%	81.65%	76.31%
设备部件数	250	500	750	1 000	2 000
设备合格率	50.87%	25.88%	13.16%	6.70%	0.45%

表 2.7 6σ 质量水平下不同部件组成的设备合格率

设备部件数	1	10	50	75	100
设备合格率	99.999 66%	99.996 60%	99.991 50%	99.974 50%	99.966 00%
设备部件数	250	500	750	1 000	2 000
设备合格率	99.915 00%	99.830 14%	99.745 32%	99.660 58%	99.322 30%

理论和实践都已证明,3σ 质量水平在许多情况下是远远不够的。6σ 质量水平绝不仅是 3σ 质量水平的两倍,6σ 质量水平所对应的缺陷率最大为百万分之三点四,这比 3σ 质量水平高出 2 万倍,因此 6σ 质量水平是近乎完美的质量标准。

二、什么是六西格玛质量水平

从本质上说,质量是指一种产品或服务持续地满足或超过顾客需求的能力。按照六西格玛理念,质量是由产品特性和无缺陷两个重要因素构成的,如图 2.20 所示。这里的产品特性是指设计的质量,从统计意义上讲要求设计和制造的产品特性的平均值 μ 无限接近顾客需求的目标值 M;而无缺陷指的是产品符合设计质量的程度,即符合性质量,就要求产品形成过程的波动要小,即标准差 σ 要小,从而在技术标准(公差带)范围内的 σ 的倍数多。

产品的质量水平可以用实际产品质量特性值的标准差来表示。在技术标准的上、下限 T_u，T_l 服务范围内，σ 的倍数越多，合格品越多，废品越少，反之得出相反的结论。

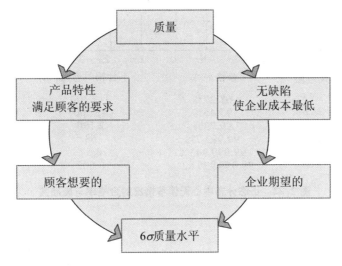

图 2.20　6σ 质量理念

1. 正态分布条件下中心无偏移的情况

如图 2.21、图 2.22 所示。

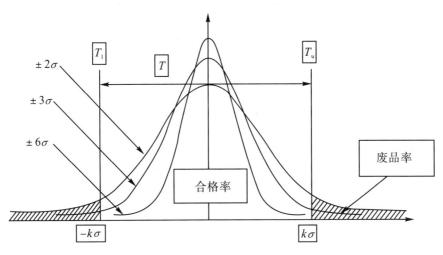

图 2.21　正态分布中心无偏移的情况

图 2.22 给出了不同 $k\sigma$ 质量水平下每百万个产品中的废品数，记作 ppm。由图可见，在 $\pm 3\sigma$ 质量水平下，均值无偏移的废品数为 2 700，而在 $\pm 6\sigma$ 质量水平下，均值无偏移的废品数为 0.002，后者比前者降低了 135 万倍，如图

2.23 所示。

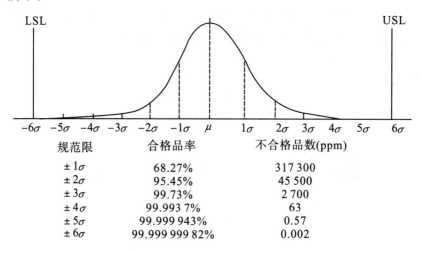

规范限	合格品率	不合格品数(ppm)
±1σ	68.27%	317 300
±2σ	95.45%	45 500
±3σ	99.73%	2 700
±4σ	99.993 7%	63
±5σ	99.999 943%	0.57
±6σ	99.999 999 82%	0.002

图 2.22 正态分布中心无偏移情况的合格率与废品数

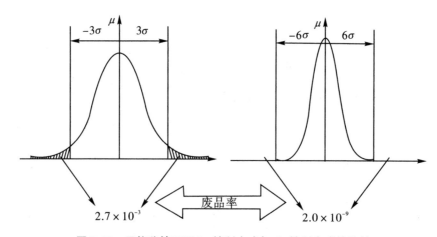

图 2.23 无偏移情况下 3σ 控制方式与 6σ 控制方式的比较

2. 正态分布条件下中心有偏移的情况

注意表 2.8 中表示的产品质量特性值的平均值刚好与技术标准的中心重合，即 $\mu=M$ 理想状态下的质量水平。实际上当制造（或服务）过程中出现影响产品质量的系统性原因时，将会引起质量特性值的平均值发生偏移，即 $\mu \neq M$，以图 2.24 为例，在平均值相对技术标准中心发生偏移 1.5σ 时，表 2.8 给出了不同 $k\sigma$ 质量水平下每百万个产品中的废品数及合格率。

表 2.8 不同 $k\sigma$ 质量水平下每百万个产品中的废品数及合格率

$\pm k\sigma$	合格率	废品数(ppm)
$\pm 1\sigma$	30.23%	697 700
$\pm 2\sigma$	69.13%	308 700
$\pm 3\sigma$	93.23%	66 803
$\pm 4\sigma$	99.379 0%	6 210
$\pm 5\sigma$	99.976 70%	233
$\pm 6\sigma$	99.999 660%	3.4

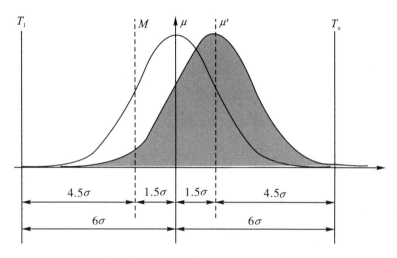

图 2.24 有偏移情况下 3σ 控制方式与 6σ 控制方式的比较

由表 2.8 可见,在 $\pm 3\sigma$ 质量水平下,均值有偏移的废品数为 66 803 个,而不是原来的 2 700 个了。对于 $\pm 6\sigma$ 质量水平下每百万个产品中的废品数不会超过 3.4 个,后者约是前者的两万分之一。

至此,我们可以从统计学的角度,给 6σ 质量水平下个定义:无论做什么,在一百万次出错机会中,所允许出现的错误机会为 3.4 次。

三、什么是六西格玛管理

迄今为止,关于六西格玛管理并无严格的统一定义,以下从不同角度阐述六西格玛管理的定义。

1. 六西格玛管理是一种管理方法

六西格玛管理是在全面质量管理的基础上发展起来的一种有效的管理方法,它指导企业"选出正确的人选"采用"正确的方法"来做"正确的事"。把人的力量、流程(DMAIC)的力量和技术方法的力量"三流合一"紧密结合,成为一种持续改进和突破的有效方法。

所谓"正确的人选"是指掌握一定程度的专业知识,受过专门的系统培训,能够在六西格玛管理过程中分别起到领导、指导和操作等作用的人员。六西格玛管理作为一项事业、一种文化和一项系统的改进,必须依靠有效的组织体系和相关专业人才组成的队伍来推动和保证。

所谓"正确的方法"是指对一个组织核心业务流程的设计和改进的方法。它的目标是突破性地缩小过程波动,降低缺陷。这个方法有两种形式:一种是对现有流程进行改进的 DMAIC(五个主要步骤的英文首字母的缩写)模式,或称之为六西格玛突破性改进模型。另一种是用于对新产品、新材料、新流程进行设计的 DFSS(Design For Six Sigma)方法,或称之为六西格玛设计。每一种方法都由若干步骤或阶段组成,每一种方法都有其严格的流程。以 DMAIC 方法为例,它是由界定(Define)、测量(Measure)、分析(Analyze)、改进(Improve)、控制(Control)等五个阶段构成的,每个阶段都有具体的内容和目标(有关内容将在第五章详述)。在 DMAIC 方法中,任何一个需要改进的生产经营或服务问题都要充分地分解和定义,并且明确对它的评判和测量方法,对问题的分析和改进是建立在测量基础上的,每一个分析或改进的结论必须有充分的数据做支持,否则不能被接受。在分析和解决问题的过程中,"依据数据决策"是一个非常重要的原则。在运用 DMAIC 方法分析和解决问题的过程中,每个阶段都有明确的输入和输出要求,各阶段的工作必须运用大量分析和解决问题的工具,以帮助获得阶段结果。由于六西格玛方法强调数据分析的作用,所以统计技术是 DMAIC 方法中不可或缺的重要工具。

所谓"正确的事"是指能够大大地减少过程缺陷、大幅度提高生产效率、卓有成效地提高顾客满意度和组织收益等方面的一切业务。简单地说,六西格玛管理要做的是通过有组织、有计划地实施六西格玛项目来实现供方、顾客和组织等多方共赢的事业。而六西格玛项目是指列入时间表的用一系列指标设定目标和监控程序的待解决问题。DMAIC 项目一般要在 4~6 个月内完成,DFSS 项目完成时间稍长一些,但一般不超过 12 个月。每个项目在立项时都确定了具有挑战性的目标,从国外的实践看,除了技术指标以外每个项目的财务收益至少要达到 25 万美元。另外,在项目进展的每一个阶段都要用六西格玛业绩度量指标予以测量和评价。

2. 六西格玛管理是一种商业战略和哲学

之前已指出,六西格玛管理的理念拓宽了质量的定义。无论是顾客还是企业,质量都应包括经济利益和实际效用。六西格玛的理念告诉我们供求双方被赋予了能对交易关系的任何方面进行评估的权利。这种权利对企业和顾客是相互的,对于企业,它意味着公司能够合理地期望在利润最大化的基础上提供高质量的产品;对于顾客,意味着能够合理地期望以最低的费用获得高质量的产品或服务。

顾客的实际效用意味着产品或服务具有相应的价值。当顾客购买了一台电视机后,理所当然地想获得这台电视机给他带来的感官价值。企业的实际效用就是通过市场交易为企业创造利润,企业如果借助大量的返工来向顾客提供高质量的产品,只能遭受巨大的经济损失。

六西格玛的理念使企业可以借助尽量减少生产和交易过程中的缺陷来获得竞争优势。六西格玛管理以提高利润的形式使企业获得最大价值,让顾客以最可能接受的价格获取需要的产品或服务。当供求双方的成本都处于最低,价值达到最大时,这个社会的交易质量才是最好的。

由以上分析可知,六西格玛管理已不仅是一种质量管理方法了,而且是一种商业战略管理哲学,是一种将顾客满意与组织经营业绩有机联系起来的先进管理方法。

3. 六西格玛管理是一种回报丰厚的投资

任何一个企业的经营目的都是想获得最大的经济效益。开展六西格玛管理就是要提高盈利水平,而质量、效率及顾客满意度的提高,通常只是六西格玛的副产品。

在20世纪80年代末,当绝大多数企业还在认为提高产品质量会增大成本时,摩托罗拉公司率先认识到提高产品质量、给顾客提供最佳产品实质上与降低企业成本是一致的,他们坚信最高质量就等于最低成本。当时,摩托罗拉公司拿出年收入的5%~10%用于提高产品质量,以后逐年投入更多。随着六西格玛管理取得的成果和流程质量的优化,这些投入转化为平均每年9亿美元左右的巨大收入。根据国际上有关人员的研究,表2.9给出了不同$k\sigma$值所对应的质量成本占销售收入的比例。

表2.9 不同$k\sigma$值所对应的质量成本占销售收入的比例

σ水平	质量成本占销售收入的百分比
$\pm 2\sigma$	31%~40%
$\pm 3\sigma$	21%~30%
$\pm 4\sigma$	16%~20%
$\pm 5\sigma$	11%~15%
$\pm 6\sigma$	5%~10%

四、六西格玛管理的特点

六西格玛管理作为一种全新的管理模式,是企业实施发展战略、保持经营上的成功并达到业绩最优的综合管理体系。成功实施六西格玛管理,将会提升顾客的满意度,降低营运成本,提高市场占有率,缩短产品和资金的周转率,降低缺陷率等。六西格玛管理具有以下特点:

1. 强调以顾客为中心,实行对顾客的真正关注

六西格玛管理把对顾客的关注看作是至高无上的,强调通过满足并超出顾客的期望和需求,不断提高顾客的满意度。因此六西格玛管理所进行的产品和服务质量改进,都是从顾客的需求出发的,关注影响顾客满意的所有方面。对需要改进的质量特性所进行的测量和分析都是为了满足顾客的需求,所进行的业务流程改造也是以向顾客提供满意的质量保证为目标的,力求体现以顾客为中心的管理理念,使顾客满意,追求顾客忠诚。六西格玛管理的绩效评估首先就是从顾客开始的,其改进的程度用对顾客满意度和价值的影响来衡量。所有这一切,都是为了满足顾客的需求,充分体现"以顾客为中心"的管理原则。

2. 强调质量改进的效益,实行零缺陷管理

六西格玛管理进行质量改进的主要目标有:提高劳动生产率,减少浪费,减少废品,降低库存,缩短周转时间,准时交货,增加销售收入,提高顾客满意度等。这与传统的质量改进通过减少缺陷来降低质量成本不同,六西格玛管理是强调通过零缺陷的管理,在控制质量成本的同时还要增加收入,即从降低成本和增加收入两条途径进行质量改进活动。六西格玛管理十分重视对业务流程中的非增值环节的分析,力求减少非增值活动,追求零缺陷目标。这是基于到达六西格玛水平时,百万单位不合格率仅为 3.4,这比三西格玛水平提高了两万倍以上。所以六西格玛管理提出了极高的质量标准,即追求零缺陷,追求一次成功。

3. 强调业务流程的改进,不断优化过程管理

通过过程的优化实现竞争力的提高,是六西格玛管理的核心理念。一个有竞争力的组织,应该具备以最好的质量、最快的速度和适当的价格向顾客提供产品和服务的能力,而这个能力取决于组织核心业务过程的能力。六西格玛管理方法的重点是将所有的重复性活动过程作为一种流程,它把产品、服务质量、成本、效率、顾客满意度、顾客忠诚度等都作为业务流程输出的结果。所谓的非增值的、甚至是危害较大的"隐蔽工厂"就存在于每个流程当中。西格玛水平正是这种输出结果一致性的度量。要使这些输出结果最优,就要对影响输出的输入流程中的因素进行分析和控制,采用量化的方法找到最关键的因素,然后加以改进,通过改进流程或者流程再造,从而提高产品或服务的质量水平。针对流程连锁性、多重性、展开性和持续性的特点,不断地对关键输入变量进行测量、分析、改进和控制,一个一个地开展项目,一个一个地解决问题,一步一步地提高质量特性值,使过程的输出与顾客要求之间的偏差或波动最大限度地缩小,不断地向零缺陷目标迈进,以实现持续的绩效改进。

4. 强调用数据说话,注重统计工具的应用

用数据说话是六西格玛管理的一个突出特点。数据是测量的结果,数据包含了大量重要的质量信息,数据以特有的方式告诉人们过程发生了什么以及改进的机会在何处,所以数据也是分析和决策的依据。决策者及管理者可以从各种统计报表中找出问题在哪里,真实掌握产品不合格情况和顾客抱怨情况等,而改善的成果,如成本节约、利润增加等,也都以统计资料与财务数据为依据。六西格玛管理的基本思路就是以数据为基础,通过数据揭示问题,并把揭示的问题引入到统计概念中去,再应用统计方法提出解决问题的方案。其核心是建立输入变量与输出变量之间的数学模型,通过输入变量的分析和优化,改善输出变量的特性。目前在实施管理中所应用的技术工具包括三个层次:

(1) 基本技术

基本技术主要包括新老七种图形分析等初级分析技术,如流程图及流程图分析法、过程能力分析、因果图、排列图、检查表、散布图和运行图等。

(2) 常用统计分析技术

常用统计分析技术如统计过程分析(SPC)、统计过程诊断(SPD),以度量、分析、判断和诊断过程质量的变化;田口方法(DOE),优化过程的设计,使过程能力达到最优水平;风险分析技术(FMEA),辅助确定改进项目,制订改进目标。质量功能展开(QFD),将顾客需求正确地转换为内部工作的要求。

(3) 软技术

软技术主要有管理企业文化、团队工作法、员工动员与授权、沟通与反馈等。

5. 强调技术的掌握,注重管理专家的作用

六西格玛管理对数据及数据处理以及管理的系统性和科学性要求很高,运用的方法和技术也比较复杂,而且开展六西格玛管理一般采用自上而下的活动方式,以跨越部门、跨工序的团队组织形式进行活动,因此,实施六西格玛管理的主力是掌握多学科专门知识,熟知六西格玛管理理论和实务的专家型人才。

6. 强调主动管理,实施无界限的合作

六西格玛管理十分强调主动管理,即在事情发生之前进行预测及各种防范的超前管理。在实际中,主动管理意味着关注经常被人们忽略的业务运作。掌握了六西格玛管理方法,就好像找到了一个重新观察企业的放大镜。人们发现,缺陷犹如灰尘,存在于企业的各个角落。这使管理者和员工感到不安。要想变被动为主动,努力为企业做点什么,员工会不断地问自己:质量水平到达了几个西格玛?问题出在哪里?能做到什么程度?通过努力提高了吗?这样,企业就始终处于一种不断改进的过程中。这样用动态的、即时反映的、主动的管理取代被动的管理习惯,做到真正的主动是企业朝着更有创造力、更有效率方向转变的起点。主动管理重视消除部门及上下之间的障碍,促使组织内部横向和纵向的合作。因此六西格玛管理扩展了合作的机会。当人们确实认识到流程改进对于提高产品品质的重要性时,就会意识到在工作流程中各个部门、各个环节的相互依赖性,加强部门之间、上下环节之间的合作和配合。

第三章 六西格玛管理的基本原理与理论依据

任何一个组织无论其从事何种经营活动,其共性的追求都是通过识别顾客需求后,投入资源并形成输入,通过相互关联的一系列活动,力求形成满足顾客需求的输出。根据第二章的介绍,由于各种输入因素时刻在波动,导致既定过程的波动,从而使输出的产品质量和服务质量不尽相同。尤其是输入因素中存在一个或若干个系统性影响因素时,将造成过程的异常波动,使输出的产品特性和服务质量呈现出不合格的趋势,甚至出现废品或超出顾客的容忍度。六西格玛管理对波动的理解与众不同的是,认为任何过程特性的波动都会导致额外成本。从世界上成功实施六西格玛管理企业的经验中可以得出,六西格玛管理的核心目标是采取必要的方法和措施最大限度地减少既定过程的波动,也即改进过程的性能,从而使输出的产品质量和服务质量在顾客要求的规格范围内一致性较好。这样不仅使组织大幅度地削减了成本,增加了收入,还使顾客的满意度和忠诚度提高,实现了双赢。由此形成了六西格玛管理的基本原理。

第一节 六西格玛管理的基本原理

一、底线循环基本原理

底线是指组织在给定时间内的净收益或利润,其实现是通过有效地控制过程的性能而最大限度地节省成本,这构成组织经营活动的底线。六西格玛战略的规划与实施是运用过程改进模式 DMAIC(将在第六章详细介绍)对选定的过程输出特性进行改进,而过程输出特性有三个主要度量指标,即波动、周期时间和产出。波动是指产品或服务的输出特性相对于目标值的偏离程度,周期时间是指所有输入变量转化成输出时所需要的平均时间,产出是指与时间或个数有关的输出数量,即产品或服务的数量。因此,波动关系到输出的产品质量或服务质量的高低,周期时间关系到多快,而产出关系到多少,它们分别以不同方式反映了过程的性能。由于波动、周期时间和产出通过有效控制其每一个取值都是可以改进的,由此构成了性能和改进的三角领域,如图3.1所示。毫无疑问,任何组织都是希望在保证过程输出的产品质量或服务质量高的前提下,生产周期短,生产数量多。在波动、周期时间和产出三者中,首先要关注的是波动,即质量状况或质量趋势是第一位的,只有在保证质量的前提下,才能兼顾效率和数量。因此对于波动控制的目标主要体现在过程要受控,集中度要好,分散性要小。

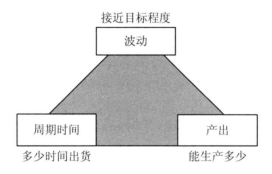

图3.1 过程性能的改进三角形

需要指出的是,在波动、周期时间和产出三者中,波动较为特殊,可以通过对波动的测量来评价过程周期时间和产出的优劣,即通过采取措施减小输出的波动,同样会对周期时间和产出产生正向影响,而周期时间和产出可以改进但不一定对波动产生正向影响。

人们在实践中逐步认识到,波动、周期时间和产出是他们的头号改进机会,而波动位于核心位置。通过实施六西格玛管理,减少了过程特性的波动,缩短了周期时间和增加了产出,从而实现了成本的节约和利润的增加,这也是六西格玛管理在企业得以流行的主要原因。以通用电气公司为例,仅1999年在开展六西格玛管理中节省成本20亿美元;联合信号公司1998年实施六西格玛管理节省成本5亿美元。

注重周期时间和产出的改进并不是六西格玛管理独有的,在全面质量管理(TQC)、业务流程再造(BRE)及精益生产等方法或模式中都在关注质量的同时还关注周期时间和产出,只不过六西格玛管理格外强调周期时间和产出的改进不能导致过程波动的增加,即输出的质量要保持稳定或改进。

无论是生产制造还是服务经营都可以看作是既有输入又有输出的过程。第二章已经阐明任何一个过程,由于输入的波动导致有波动的输出,同时任何一个过程也都有一个基本的周期时间和产出。毋庸置疑,由于输入因素的波动,导致过程的周期时间和产出也存在波动。因此,六西格玛管理的基本活动是通过发现问题确定改进项目,并对改进项目进行承诺并实施,从而达到降低成本、增加利润的目的。图3.2表明了改进项目、成本、利润和承诺的循环关系。

显然,图3.2所示的循环是一个自我增强的周期,能够提供真实的反馈,并促使管理层增强对实施六西格玛改进项目的承诺。这种以降低成本、增加利润为出发点的活动循环称为底线循环。

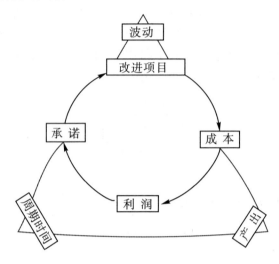

图 3.2　6σ 管理底线循环示意图

在底线循环中,选择改进项目是首要任务,项目的价值、可行性及选择的方法等直接关系到改进的效果,这些将在第六章做专题介绍。有效完成循环的要素之一是承诺,即对推行六西格玛战略和实施六西格玛改进项目的承诺。没有来自相关各方的承诺,特别是来自高层管理的承诺,六西格玛战略的技术目标对任何组织都是遥不可及的。为了有助于产生承诺,管理人员的重视是推行六西格玛战略不可或缺的组成部分。承诺还要求组织中有关人员以强烈的责任心推动和保证六西格玛改进项目的实施。

上述循环在实际运行中可能是良性的也可能是恶性的。良性循环是指对改进项目重视并在合适方法的操作下能够减少成本、增加利润从而增强承诺。但如果对改进项目不够重视或方法不对,则反而会导致成本增加、利润减少,降低对改进项目的信心和承诺。

二、顶线循环基本原理

前已述及,六西格玛管理的底线循环基本原理是以削减过程中的成本来增加组织利润的。而六西格玛管理的顶线循环基本原理是以高质量的产品来赢得顾客的满意,由此扩大市场份额增加收入来增加组织利润。

任何一个组织其生产经营的宗旨都是要千方百计赢得利润,而利润的多少直接取决于总收入的情况。总收入的情况基本上是由市场份额和组织销售产品的价格组成的,这两项都取决于顾客的满意度。不难想象,在市场经济条件下,一个不能使顾客满意甚至被顾客抱怨的产品或企业还何谈收入。平时大家都有这样的体会,当拿到营业人员给我们提供的商品时,每个人都会把这个商品与心目中的商品进行比较,最后购不购买取决于是否能够获得物有所值甚至是物超所值的感受。这个现象说明,顾客的价值观决定了顾客的认知质量,即期望质量。而商家提供的产品和服务通过顾客的亲自感受和体验会形成感知质量。顾客满意的程度是顾客把其享用的服务和产品的感知质量与他的认知质量进行比较所形成的感觉后状态。顾客的认知质量与感知质量的相符程度将产生不同的顾客心理,如图 3.3 所示。

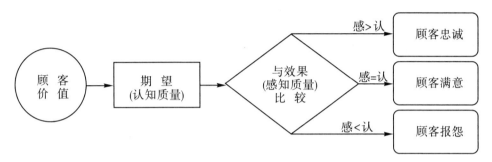

图 3.3 顾客的认知质量与感知质量

在六西格玛管理理论模型 $y=f(x)$ 中,改进的是对顾客需要的关键质量特性 y 值,而过程总是由顾客对产品的需求引起的,顾客的需求和满意同样存在波动。组织在与顾客的交往中必须注意到这一波动。

1984 年,日本狩野纪昭教授提出了顾客满意模型,它揭示了顾客满意与质量的关系,如图 3.4 所示。该模型表明顾客满意涉及基本需求、预期需求和兴奋的经历。

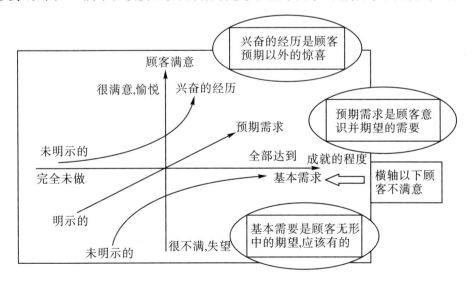

图 3.4 顾客满意的模型

"基本需求"是不言而喻的,就像彩电能够看到彩色画面,移动电话能够清晰地听到对方声音等,如果这些基本需求未达到,根本就不存在顾客。基本需求位于横轴的下方,如果商家仅能提供基本需求,顾客肯定不满意。因而我们并不能通过满足顾客的基本需求就能得到一个满意的顾客。

"预期需求"是一条经过原点的直线,代表着顾客对商品的一些明确的要求。如彩电的画面要逼真,声音要优美;移动电话的声音要清晰等。模型表明,如果顾客的"预期需求"没能满足,顾客就不会满意;顾客的满意度随着期望被满足的程度而相应地变化,期望被满足得越多,顾客的满意度就越高。

"兴奋的经历"是一条位于横轴上方且处在顾客的"预期需求"之上的曲线。"兴奋的经历"代表着超越顾客期望的质量水平。彩电重量比预期想象的轻且比较省电;移动电话的电池一次使用时间超过一个星期等,如果具备了这些超出顾客预期想象的功能和效果,顾客毫无疑问是兴奋的。

上述需求或经历随着时间的发展是会不断波动的,而且又是可转化的,今天"兴奋的经历"明天就可能是"基本需求"。市场竞争的压力将促使商家不断超越顾客日益增长的期望,使顾客需求得到满足,带来顾客更高的满意度,同时又引起商家为满足顾客要求进行持续的改进。对顾客而言,商家所进行的改进项目将毫无疑问地降低缺陷数。结果越来越多的顾客要求得到满足,带来更高的满意度。这种以顾客需求为出发点和落脚点的改进项目同样适用于周期时间和产出的改进,可较快地对顾客需求做出反应,更有效地利用资源。

需要指出的是,顾客对产品或服务质量需求的表述往往只是概念性的通俗化语言,如产品要节能、噪音小、重量轻、寿命长、携带方便、供货及时、结账方便等,为满足诸如此类的顾客需求,就要求组织把顾客的这些通俗化语言转换为具体产品的质量特性。为此,需要应用质量功能展开、实验设计等工具来确定,有关这些知识详见第五章。

综上所述,通过识别顾客的需求,来实施改进项目,这样既满足了顾客的需求,增加了顾客的满意度,又增加了市场份额,最终使总收入增加。总收入增加和前述成本减少的结果都会使利润增加,并在全组织内产生对这种改进方法和进一步改进项目的信心和承诺。这样就产生了一个基于顾客满意来增加收入的循环。该循环也称为顶线循环,把它和底线循环结合起来,就构成了六西格玛改进项目对组织的顶线和底线结果影响的图,如图 3.5 所示。

另外,组织在经营活动中如果出现由于流程本身的先天不足而导致产品质量的可控能力弱、质量波动大的状况,则需要通过改进过程设计和产品设计,使过程输出特性得以改进,从而在满足顾客需求的基础上,产生巨大的成本节约和收入增长。考虑削减成本带来的增加收入,再加上过程设计及产品设计,则形成如图 3.6 所示的六西格玛管理的基本原理。

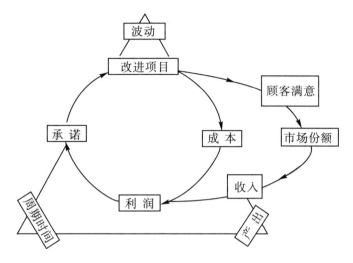

图 3.5 6σ 管理顶线与底线循环关系示意图

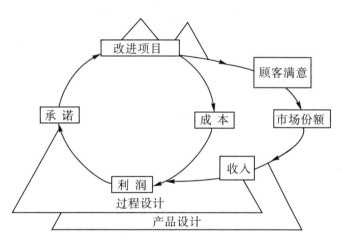

图 3.6 6σ 管理的综合理论基础示意图

第二节 六西格玛管理的理论依据

一、朱兰关于质量的二元定义

1988 年朱兰提出：质量既是那些满足顾客要求，从而使顾客感到满意的产品特性，又意味着没有造成故障、返工、不满、投诉等现象的无缺陷的产品特性。

从这个定义可以得到如下启示:只有产品适用的质量特性与过程有效运行而无缺陷的同时存在,才能说产品具有质量,两者缺一不可。不具有产品特性根本谈不上质量,但仅具有适用的产品特性而形成特性的过程却不是有效的,缺陷频发,靠维修、返工、报废、赔偿而发生大量的费用损失,同样不能称为质量。只有既关注顾客又关心过程,做到顾客、企业双赢,才能谈得上质量。质量、份额和利润之间的关系如图3.7所示。

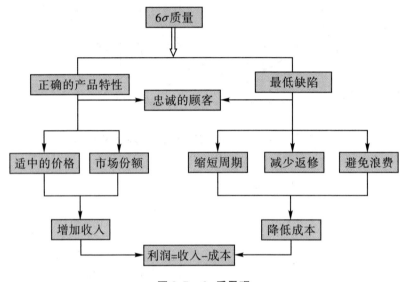

图 3.7 6σ 质量观

综上所述,产品应具有满足顾客要求的产品特性,从而达到提高产品质量的目的,而形成产品特性的过程应无缺陷,从而体现了降低成本的要求。质量的二元定义第一次把"提高质量"与"降低成本"两个在以前认为是对立的命题辩证地统一起来。这是质量理论的一大创新,也是 6σ 管理的理论依据之一。

二、克劳斯比的"零缺陷"为六西格玛管理指明了方向

1962年在生产导弹的马丁公司,克劳斯比首次提出"零缺陷"理论,强调第一次把事情做好,质量是免费的。之所以不能免费是由于第一次没有把事情做好,产品不符合质量标准,而导致产品缺陷,从而不得不花费时间、金钱和精力去补救,这些本可以避免。

"零缺陷"理论强调在保证质量和降低成本的接合点上要求每一个人第一次把事情做好,亦即人们在每一时刻、对每一作业工序都需要满足工作过程的全部要求。因此,在理解"零缺陷"时,必须注意产品质量与工作质量的区别:缺陷属于过程工作质量的范畴,而产品质量不仅是由质量特性体现的而且也是由工作质量形成的,只有工作质量"零缺陷",才可能保证产品质量零缺陷。所以克劳斯比的"零

缺陷"为六西格玛管理指明了方向，六西格玛管理的对象是过程的工作质量。因此，要格外关注对过程的设计、优化和调整，保证第一次把事情做好，从而既生产出让顾客满意的产品，又使企业不花费可以避免的费用而获得更高的利润。

三、"隐蔽工厂"为六西格玛管理找到了缺陷的表现形式

产品是过程的结果，过程的本质是增值，所以必须有效运行。否则不得不为消除客观存在的、不被管理者所察觉的缺陷损失花费多余的时间和资源，这种活动和过程称为"隐蔽工厂"。摩托罗拉和 GE 公司推行六西格玛管理之所以成功是因为他们发现了企业中还有一个不增值的"隐蔽工厂"，应最大限度地减少乃至消除。

事实上，对于质量水平处在 4σ 以下的大部分企业在实际运行时，到处可见有大量的人员从事检测、分析、开会讨论、修复、返工等现象。多少年来似乎这种现象成了一个企业必不可少的组成环节。以至于企业在不经意间就建立了"隐蔽工厂"。"隐蔽工厂"的存在使企业不得不为纠正偏差而建立不能增值的特殊系统及流程，如图 3.8 所示。它们占用了额外的空间、时间、人财物资源。遗憾的是，绝大部分管理者还没有认识到"隐蔽工厂"的代价有多昂贵。"隐蔽工厂"的存在给企业和顾客带来的都是一些负面作用，对企业而言，增加了企业的成本，使利润降低；对顾客而言，伴随着部分退货业务的出现将逐步丧失客户的信任。

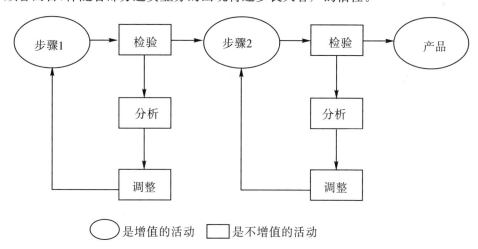

图 3.8　过程的增值活动与不增值活动示意图

"隐蔽工厂"的发现是六西格玛管理的一个创造，为六西格玛管理找到了缺陷的表现形式，从而有助于找到过程中潜在损失的有关活动。它告诉人们要通过努力更好地控制和优化流程来预防缺陷发生，而不是等到生产或服务的最后阶段再发现缺陷，这样一个企业才会有生命力。

四、"劣质成本"成为表征六西格玛管理成功与否的经济尺度

谈到六西格玛管理时,常常会有人认为,我们单位的质量水平离六西格玛那么高的质量水平差得很远,要达到六西格玛质量水平,是否要花费巨资来实现,这样是否值得。其实,这是对六西格玛管理的一个误解。成功的六西格玛管理给企业和服务业带来的巨大的经济效益已经在摩托罗拉、德信、联信/霍尼韦尔、通用电气、花旗银行等世界级的企业实践中证明了。这些企业成功的要诀之一就是在推行六西格玛管理时把挖掘、减少直至消灭劣质成本作为关注的焦点。

1. 质量成本与劣质成本

质量成本(Quality Cost)的概念,最早是由美国著名的质量专家费根堡姆在1945年美国电子工程师杂志上提出来的,1951年在他所著的《全面质量控制(Total Quality Control)》一书中作了说明,1956年在《哈佛经营周刊》杂志上首次作了详尽的解释。后来朱兰、克劳斯比等又对此概念作了补充和完善。质量成本的定义为:为保证满意的质量而发生的费用以及没有达到满意的质量所造成损失的总和,即包括保证费用和损失费用。质量成本将质量与经济联系起来,使质量以货币语言来表达,使用两种语言(质量语言和货币语言)"说话",使企业管理层对质量的经济意义和质量管理的作用有了新的认识和了解,因而在企业得到实际运用。这是质量成本对质量管理的重大贡献。

劣质成本(Cost of Poor Quality)的概念,是在20世纪90年代末美国推行六西格玛管理的过程中提出来的。它继承了质量成本的有效成分,扩展和延伸了质量成本的内涵和功能,使质量和成本、效益更加紧密地融合起来,把质量管理推进到新阶段。关于劣质成本的定义,目前还没有明确的、统一的说法,质量专家们广泛引用了朱兰、克劳斯比等人的有关论述。朱兰认为,劣质成本是"每一项任务都能毫无缺陷地执行,就不会发生的成本";克劳斯比认为,"只要是因为第一次没有把事情做对而产生的所有费用都应为劣质成本"。

(1) 质量成本的组成

质量成本是由预防成本、鉴定成本、内部损失成本和外部损失成本四个部分组成的。其中预防成本和鉴定成本属于符合性成本,即现行过程中没有发生故障所支付的经营资源资本。内部损失成本和外部损失成本属于非符合性成本,即现行过程中已经发生故障所造成的损失和由此支付的费用。

① 预防成本:为预防产品或服务不能达到满意的质量所支付的费用。常见的预防成本科目有:质量策划费用、质量培训费用以及提高工作能力的费用、顾客调查费用、过程设计费用、前评审费用、建立质量管理体系编制质量手册和程序文件的费用、产品规范的早期审批费用、供应商评价费用、设备校准费用、厂房设备维护费用等预防性措施费用。

② 鉴定成本：为评定产品或服务是否满足所规定的质量要求而进行的试验、检验和检查所支付的费用。常见的鉴定成本科目有：外购材料的试验和测试费用、实验室或其他计量服务费用、检验人员评价产品技术性能时所支付的检验费用、试验费用及管理人员和办公室人员可能支出的费用、核对工作费用、试验检验装置的购置及维护保养费用、试验检验的材料与小型质量设备的费用、外部担保费用、质量审核费用、顾客满意度调查费用、供应商认证费用等。

③ 内部损失成本：由于产品或服务在交付前不能满足质量要求所造成的经济损失，均计入劣质成本。常见的内部损失成本科目有：废品费用、返修品费用、降级品费用、重新检验费用、重新设计费用、过程修改费用、误工误时费用、资源闲置费用、供应商提供的废料、延迟交货费用、库存过多占用资金费用、工艺计划废弃损失费用、内审外审等的纠正措施费用等。

④ 外部损失成本：由于产品或服务在交付后不能满足质量要求所造成的经济损失，均计入劣质成本。常见的外部损失成本科目有：由退货引起的各种费用、投诉处理费用、产品更换费用、由失误引起的服务费用、质量赔偿损失费用、质量诉讼费用、付款延迟及坏账等。

(2) 传统质量成本分析模型

由预防成本、鉴定成本、内部损失成本和外部损失成本四个部分构成了如图3.9所示的质量与成本的特性曲线。

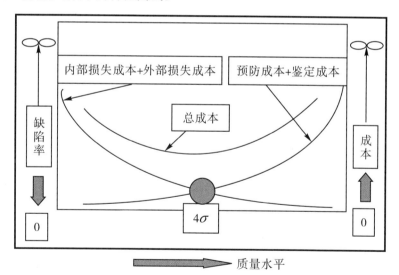

图 3.9 质量与成本的特性曲线

从上述曲线可以看出，随着鉴定和预防成本的增加，产品的故障成本下降。总的质量成本曲线是鉴定、预防成本曲线与内、外部损失成本曲线的叠加。因此，在凹形的总的质量成本曲线中的谷底有一个质量成本与质量水平的最优点。不同企业、不同产品这种最优点不尽相同。但作为共性的质量成本曲线仍然能够启迪人们运用质量管理的方法去控制总质量成本,找到企业总质量成本的最优点。通常认为,在质量水平 4σ 处会找到最优点,即在这点上质量成本为最佳结构,质量总成本最低,因此在 4σ 处称为适宜合格率。

在适宜合格率这种思想的指导下,我国不少企业家普遍认为虽然不合格率是个破坏性因素,但如果要求百分之百的合格率是不现实的,因为这将使质量成本无限大。因此如果将生产过程中的废品率保持在一定范围内,则经济效益更好。这种看法在实践中有很大的误导作用,它导致企业在提高产品合格率上有诸多顾虑,从而放弃了对百分之百合格率的追求和努力。另外,我们国家大部分企业的质量水平还达不到 3σ,所以提高质量水平可以使总质量成本明显下降,而不是人们长期认为的提高产品质量必然会增加成本,因此这种观念已被理论和实践证明都是错误的。

(3) 传统质量成本分析模型的缺陷

① 传统质量成本分析模型是从厂家角度来分析的。随着社会的进步和市场经济的发展,市场已由卖方市场转变为买方市场。企业经营要以消费者为导向,质量成本也应从消费者的角度去分析。消费者是根据产品的合格率和产品的返修率来进行质量判别的。如果厂家生产的产品合格率为 99%,100 件中有 1 件不合格,这 1 件不合格产品总是要被消费者购买的,对这个消费者而言,他肯定百分之百的不满意,并产生抱怨,甚至投诉、索赔等,这些无疑都将给厂家带来经济上和名誉上的损失。因此,一个想可持续发展的企业,应该不遗余力地追求百分之百的合格率,不应允许有任何缺陷的产品流入市场,这是使企业获得长久信誉的根本保证。

② 传统质量成本分析模型认为质量是检验的结果。检验越严,淘汰的产品越多,因此鉴定费用越高。事实上,产品是由人制造的,因此,在产品设计质量确定的前提下,产品质量的高低,主要取决于工作质量,即工作的准确率是产品合格率的保证。检验只是事后把关,再严格的检验,也生产不出高质量的产品来。因此,在现代企业管理中,要求各级各类人员要实行目标管理,确保每个环节不出废品。这样在不增加鉴定费用的前提下,随着人的素质提高和工作质量的保证,就会少出或不出废品。这无疑是对传统质量成本分析模型的一个否定。

③ 传统质量成本分析模型认为质量就是制造质量。人们往往把产品质量成本局限在产品制造质量过程中来考虑。这显然是不够的。必须从产品的设计、制造、销售和服务等产品的生命周期来考虑产品质量成本。好的产品质量首先是设计出来的,一切制造过程都是最大限度地往设计目标靠近。德国宝马(BMW)公司的技术研究人员所设想的零废品质量保证体系包括设计、实现和使用三部分,三部分由后向前不断反馈,其中设计阶段要贯穿整个过程,制造阶段要贯穿消费阶段,如图 3.10 所示。而在每一个部分产生的质量问题所带来的经济损失差别很大,质量问题消灭在构思阶段会带来 0.1% 的损失,质量问题消灭在设计阶段会带来 1%

的损失,质量问题消灭在生产阶段会带来10%的损失,一旦到了消费阶段才发现错误就将带来100%的损失。上述观点称为质量成本传递放大过程,因此,为了减少质量成本传递放大的影响,应在设计、制造、销售和服务等各个环节进行把关,特别要格外重视产品的构思和设计。

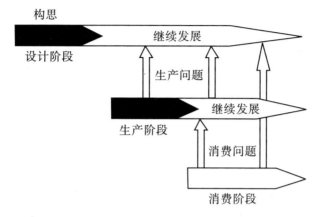

图3.10 德国宝马公司的质量保证体系

④ 传统质量成本管理的目标只限于成本。传统质量成本管理的目标只是从成本角度去寻求可控成本与结果性损失之间的内在有机构成。以总成本最低时的结构为最佳结构,但质量总成本最低未必就是质量成本管理应追求的目标。质量资金运动是一个完整的过程,既包括质量资金投入(成本),也包括质量资金产出(收入)。片面地只以质量成本最低为管理目标将无法对以下情况做出评价:质量成本不变,但质量收入上升或下降;质量成本上升或下降,但质量收入上升或下降得更快;质量提高,产生的社会效益提高;先期质量成本投入,使长远收益增加,并使长期平均质量成本下降;质量高低引起心理的、社会的损失或收益。

(4) 劣质成本的组成

根据质量大师们的论述,劣质成本的基本特征或主要构成包括:

没有"一次成功"而造成的降级、报废损失;

需采取返工、返修、纠正等补救措施所花费的成本;

在销售及售后所发生的外部故障损失及给顾客带来的损失;

不增值或低效率的过程所发生的费用;

机会损失成本;

企业信誉损失。

按照质量损失的要素,劣质成本可分为三类:

① 故障成本,包括质量成本中的外部故障成本、内部故障成本。

② 过程成本,包括非增值成本(非增值的预防成本和鉴定成本)、低效率过程成本(指即使满足了需要和要求时仍有可能发生的但却是可以避免的过程损失,如多余的操作、重复的作业、低效或无效的服务和管理)、机会损失成本(指如果没有

缺陷就不会发生的费用,或者可以减少的费用但由于没有努力去采取措施而导致增加的费用)。

③ 损失成本,包括顾客损失成本(指顾客在使用产品或服务的过程中,给其所造成的各种额外的费用及负担,它的增加若超过顾客的承受能力,就会失去忠诚的顾客而使企业蒙受损失)、信誉损失成本(指过程损害了企业信誉,造成顾客流失、市场份额降低的损失)。

从劣质成本的要素构成可看出"故障""过程""机会""顾客"是其关注点。这为降低成本指明了清晰的思路和途径,是对质量成本的突破和完善。

(5) 劣质成本分析模型

劣质成本设置的目的是为了降低不必要的成本开支,使企业获得更高的收益,使顾客得到更多的利益。劣质成本建立在这样的认识基础上:质量高了,成本会降低,即费根堡姆指出的,质量与成本之间的关系是"和"不是"差"。六西格玛理论对质量与成本的关系提出了新的理念。六西格玛理论认为,当质量水平超过 4σ 时,总质量成本不仅不会提高反而会下降,如图 3.11 所示。这是因为水平超过 4σ 时,表明缺陷率已很低,内、外部损失成本在下降,同时预防和鉴定成本也在下降,总质量成本必然下降。因此,降低总质量成本的最佳途径是最大限度地降低劣质成本。由此可见,质量成本和劣质成本是两种质量观的体现,质量成本反映了传统的质量观,劣质成本代表着现代的质量观。

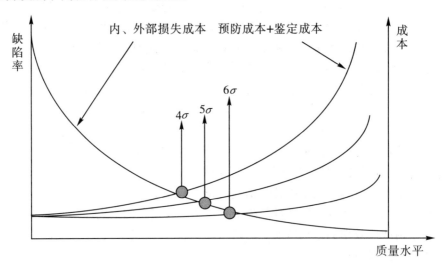

图 3.11 6σ 质量新观念

20 世纪 90 年代以后,质量专家又将质量成本区分为符合性成本和非符合性成本。符合性成本是指现有的过程没有故障而能满足顾客所有明示或隐含的需求所发生的费用;非符合性成本是指现有过程的故障所发生的费用。因而明确了研究质量成本的目的就是为了降低非符合性成本,这就提高了质量成本的实用性。

(6) 质量成本与劣质成本的区别

① 分析思路。质量成本依据财务部门提供的现成数据和企业财务活动结果,对各类质量成本的变化趋势进行分析,研究改进的途径,而对这些数据所反映的实质及数据背后所隐藏着的潜力较少分析,同时对现有数据之外的问题也不作研究。因此失去许多机会,限制了其作用的发挥。

劣质成本不仅重视现有成本数据所反映的问题,并能透过现有数据看到潜在和隐含的问题,揭示数据之间的关系及其规律。它透过数据追溯过程,对过程的各个环节、各项作业进行分析,判断其有效性和增值性,比如,对质量特性值的偏离状况,即使不超出规格限,也要分析偏离的幅度,减少波动,提高 σ 水平。它还通过对时间因素、资源因素、程序因素、环境因素、管理因素的剖析,研究这些因素的影响及可能造成的损失,把握各种可能实施质量改进和降低成本的机会。

劣质成本对财务数据进行深层次的研究和分析。考察数据所反映的生产过程、服务过程和管理过程的效率,以减少活劳动和物化劳动的无效耗费,从而降低成本。正如克劳斯比所说的"在大多数组织中,他们在垃圾箱中浪费的金钱比他们在废品桶中的损失更多"。

② 资金运用。资金运用效率如何,对企业而言是至关重要的,这不仅是因为资金紧缺状况成为制约不少企业发展的瓶颈,也是因为资金运用状况也是决定企业效益的重要因素。资金占用少,可以节省财务费用(减少银行利息),减少资金成本,提高资金效率。资金周转快,就能获得更多的效益。质量成本侧重于成本范围,对资金的运用效率涉及较少。

劣质成本对资金运用则非常关注,对产成品、半成品、原材料、零配件的库存周转率,对应收账款周转等常常作为重要的六西格玛项目,流动资产周转率、速动比率、成本费用利润率等关键财务指标则是六西格玛项目锁定的目标。六西格玛管理是对广义质量的管理,如果能运用六西格玛方法加强对资金的管理,将会取得意想不到的效果。

③ 关注焦点。质量成本的立足点主要站在企业的立场上,将企业的成本降低下来,而对顾客利益方面的考虑则很少顾及。关注"VOC"(顾客之声)是六西格玛的精髓之一。

劣质成本将顾客的利益和企业的利益综合考虑,既维护企业的效益,更注重顾客的利益。它通过使顾客得到更多的利益来使企业获得更大的效益。因为只有使顾客得到较多的实惠,企业才能得到更多的回报。它关注"顾客成本"(顾客购买产品、享受服务时和使用过程中所付出的货币形态以及非货币形态的支出,包括货币、时间、体力、精神等方面的耗费),关注"顾客价值",并且与竞争者相比较,能使顾客以最少的顾客成本获得最大的顾客价值。六西格玛管理的一个重要方法——SPIOC 流程图,始终关注着顾客的利益,使过程的各个环节都充分考虑顾客的需求,并通过减少劣质成本来降低顾客成本,提供更多的顾客价值。所以我们说六西格玛管理是顾客"驱动"的管理,顾客始终"站在"六西格玛项目的"身旁"。

从以上分析可以知道,质量成本是与全面质量管理相联系的,劣质成本是与六西格玛管理相联系的。劣质成本概念是对质量成本概念的继承、发展和进步,它依据广义的质量概念,体现了现代质量观,追求顾客利益和企业效益的统一。其特点是,着眼过程,注重增值,把握机会,关注顾客,降低风险。从会计角度讲,质量成本属于理财会计,劣质成本属于管理会计。从功能上讲,质量成本连接着企业的"生产线",劣质成本连接着产品的"质量链"。

2. 劣质成本与利润的关系

劣质成本的存在,增大了总成本构成,削减了利润空间,其关系如图 3.12 所示。由图 3.12 可以看出,要增大利润,必须最大限度地压缩劣质成本。

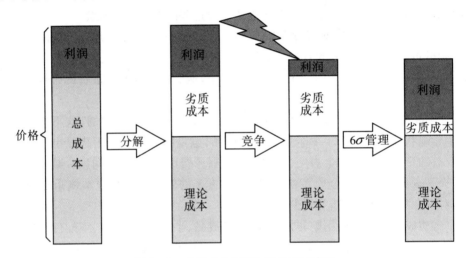

图 3.12 劣质成本与利润的关系示意图

3. "水下冰山"

"水下冰山"也称为冗余成本,冗余成本实质上都属于劣质成本。所谓冗余成本是指超出需求的成本,由于工作质量不合格而导致的额外资源浪费。常见的冗余成本科目有:由于质量问题而导致会议费用支出过多、错误的发货单引起的额外成本费用、生产周期过长增加的成本、纠正错误造成的时间延误、延迟发货、库存过多造成的资金占用、过多的设备调整及过多的材料订货费用、频繁订货增加的费用、工程更改不到位引起的报废和返工费用等。

人们往往对冗余成本不太经意,或习以为常,或听之任之,或麻木回避。久而久之,冗余成本成为企业利润流失的一个大缺口,有人把它比喻为"水下冰山",如图3.13所示。一个企业好比一艘航船,劣质成本如同一座冰山。平时人们注意到的劣质成本只是露出水面的那一小部分,大部分的劣质成本却隐藏在水下而未被人们发现和排除。航船在航行时,遇到可见的障碍物(水上的劣质成本,这一部分占销售额的 4%~10%)是比较注意的,采取一定办法是可以避开的。但对水下的冰山(冗余成本,这一部分往往占销售额的15%～25%)却很少关注。如果水下的冰山(冗余成本)大到一定程度,不仅使航船难以前行,而且还有更大的危险。

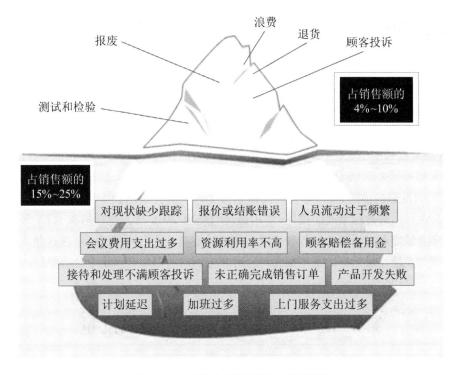

图 3.13　劣质成本"水下冰山"示意图

由以上分析可知,劣质成本的大部分隐藏在"水面冰山"下,是一座蕴藏丰富的"宝矿",值得我们去挖掘和开垦。

综上所述,可以得出以下结论:

① 与质量相关的成本较一般财务报表所透露的数字高,占销售额的20%～40%。

② 劣质成本不仅发生在实现过程,同样还发生在支持过程,不仅产品制造或服务部门有,同样其他辅助部门也有。

③ 这些劣质成本大多数是可以避免的,但在一般企业里却没有人负责消灭它们。

④ 水下的冰山会破坏航船,企业质量管理不能成为"泰坦尼克号式"的管理。

第四章 六西格玛管理的业绩度量指标

六西格玛管理是量化管理,量化管理必须有量化指标。用这些量化指标既能分析和描述产品、服务或工作质量出现不良的可能性,又能描绘组织中存在的"隐蔽工厂"和制造过程中出现的"缺陷"。例如,对波动的描述,常用样本的平均值 $\bar{x}$、样本标准差 σ、样本极差 R 等;对过程能力的描述,常用过程能力 PC、过程能力指数 C_p(或 C_{pk})等;对缺陷的描述,常用单位产品缺陷数 DPU、机会缺陷数 DPO、百万机会缺陷数 $DPMO$ 等;对过程绩效的描述,常用最终合格率 PFY 与流通合格率 RTY 等。以上这些业绩度量指标覆盖了各种连续型和离散型测量数据的情况。掌握这些六西格玛管理的业绩度量指标的基本概念对理解和应用六西格玛管理是十分重要的。

第一节 六西格玛管理与业绩度量

从前述有关章节的介绍已经了解到,六西格玛管理是寻求同时增加顾客满意和组织经济增长的经营战略途径,六西格玛代表了新的管理度量和质量标准,提供了竞争力的水平对比平台。

标杆学习是 20 世纪 80 年代初施乐公司提出的。这个方法是指从生产成本、周期、营销、价格、服务等领域中找出一些明确的衡量标准或项目,然后将公司在这些方面的表现与主要竞争对手进行对比。六西格玛管理的理念推崇标杆学习方法。一个企业的生产制造流程或交易流程的当前业绩水平如何,与竞争对手相比有何差距,这些问题对任何一个不甘落后的企业领导人都是应该时刻关注的。

那么究竟六西格玛管理度量什么?怎样度量?

一、度量什么

在"度量什么"上,六西格玛管理提供了广泛的业绩度量"视角"。在人们的日常管理活动中,针对产品特性或实现过程的度量往往比较明确,但对其他业绩的度量则比较含糊,往往不善于使用客观的量化度量方法来度量组织当前的表现以及竞争对手的水平。比如,一个追求"以快制胜"的企业,如果从未认真地度量过自己关键业务流程的周期,例如产品开发周期、试验与测试周期、主要产品的制造周期、市场导入周期等,也不清楚自己的流程在"时间"上的"瓶颈"。如果企业对"快"的追求是盲目的,就无法真正对"快"有所作为。又比如,一个"以提供顾客服务"为营销特点的企业,如果并不清楚顾客对服务的需求与期望,也从没有认真地对服务过程的表现度量过。再比如,顾客对服务响应时间的要求以及目前企业的服务响应时间达到了什么水平等。因此企业对"服务"无法真正有所作为。六西格玛管理是基于对组织业绩度量的管理,它强调按照顾客的需求和组织发展重点度量组织业绩的各个方面。比如,交付期、交付状态、生产周期、产品质量、服务特性、成本、库存、顾客满意、管理活动、与竞争对手的差距等。如果一个企业不量测流程以及企业的变化对这些流程的影响,就很难把握自己的方位,也就失去了目标。如果不量测,可能自以为是,沾沾自喜;如果不量测,将无法与竞争对手进行比较。ABB董事长曾经说过:"我们不了解我们不知道的东西,我们对不了解的东西不能有所作为,直至我们度量了我们才能了解。你不能测量到的东西,你就不能改进。"总之,六西格玛管理提供的广泛业绩度量"视角"是一个认识问题的过程,通过对组织业绩的广泛度量,能引导人们寻找到关键性的、有价值的答案,寻求组织业绩突破和改进的空间,从而取得卓越成效。

二、怎样度量

在"怎样度量"上,六西格玛管理提供了"追求卓越"的度量方法。传统上的度量仅限于"符合性"上。例如对照规范检查产品质量,通常把符合规范的记为合格品。对合格品来说,一般不再关心其符合顾客要求的程度。例如,某工序生产了A,B,C三个零件,A的测量值接近顾客要求的目标值,而B接近于规范上限,C则超过了规范下限,如图4.1所示,人们通常把控制与改进的注意力集中在C上。尽管A产品的质量接近理想状态,而B产品几乎超差,但在传统的度量方法下,它们的质量表现是一样的,都视为合格品。但正是这种度量方法忽略掉的差异,在竞争力方面带来了不可忽略的差异。六西格玛管理重视符合顾客要求程度方面的差异,并通过采用揭示这些差异的度量方法,展示业绩改进的空间。

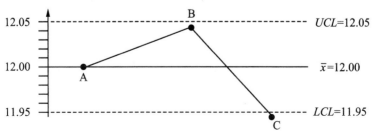

图 4.1 某零件尺寸的控制图

第二节　过程能力与过程能力指数

一、概述

一个产品的生产过程是根据产品设计阶段所规定的技术标准（质量要求）按照一系列过程（工序）组织生产的，工序是形成产品质量最基本的环节；对各工序的质量控制是实现产品设计质量的有力保证。为了实现设计质量，必须解决怎样使各工序具有生产合格品的保证能力以及如何把保证产品质量的能力保持下去。

二、过程能力

所谓过程是一组将输入转化为输出的相互关联或相互作用的活动。过程是质量活动的基本单元，过程能力是加工质量可以度量的特性。任何加工过程，由于存在操作者、机器、原材料、工艺方法和加工环境等多种影响质量因素的波动，致使产品质量也存在着波动，表述这种产品质量正常波动的经济幅度就是某一工序的过程能力。过程能力是指工序在质量上可以达到的水平，更具体地说，是加工质量的波动可能达到的实际范围。根据传统的工序质量控制原理，当生产过程稳定，产品质量特性值服从正态分布时，通常 $\pm 3\sigma$ 范围被认为是产品质量正常波动的最大经济幅度，即 $2\times 3\sigma$ 代表了过程能力：

$$PC = 2 \times 3\sigma \tag{4.1}$$

式中，PC(Process Capacity)为过程能力；σ 为正态分布的标准差。

σ 越大，工序质量的波动越大，过程能力越低；反之，过程能力越高。过程能力只表示一种工序固有的实际加工能力，而工序的加工都是在满足特定的技术标准下进行的，加工能力与产品的技术要求无关，只取决于影响质量的因素——人、机、料、法、环、测的控制水平。过程能力与生产能力完全不同，前者是衡量过程加工内在一致性的、满足技术标准的能力，后者是指加工数量方面的能力。

三、过程能力指数

为了能够反映和衡量过程能力满足技术要求的程度，把实际存在的能力与给定的技术要求加以比较，就能全面地评价工序的加工情况，并能得出产品合格率的大小。因此定义产品技术标准要求(公差带)T与加工方法的过程能力$2\times K\sigma$之比为过程能力指数C_p,即

$$C_p = \frac{T}{2 \times K\sigma} \tag{4.2}$$

式中,T为质量技术标准——公差、技术要求等;K为质量控制的幅度(或系数),$K=1,2,3,4,5,6$,可根据控制需要进行选择。当取$K=3$时,即为传统的3σ管理下的过程能力指数。

上述定义的过程能力指数C_p仅仅表示一个过程具有的潜在能力,当过程质量特性的平均值μ与制造技术标准中心M重合时,这种潜在能力才能完全发挥出来。这仅是实际生产过程中的一种理想状态,因为生产过程中很难保持质量特性的平均值与制造技术标准中心完全重合。这样当质量特性的平均值μ与制造技术标准中心M不重合时,C_p不能真实反映过程生产合格品的能力,所以,必须考虑两者不重合情况下过程能力指数的计算问题。

1. 双侧公差情况的过程能力指数的计算

(1) 加工质量特性值的平均值μ与技术标准中心M重合的情况,如图4.2所示。

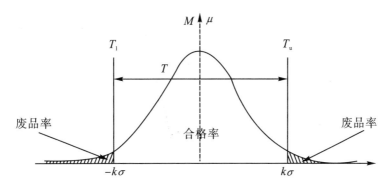

图 4.2 无偏移情况下求过程能力指数示意图

$$C_p = \frac{T}{2 \times 3\sigma} = \frac{T_u - T_l}{6\sigma} \approx \frac{T_u - T_l}{6S} \tag{4.3}$$

式中,T为技术标准的允许波动的幅度;T_u为上规格界限;T_l为下规格界限;S为样本的标准差;μ为样本的平均值。

【例1】 轧制某钢板要求其厚度为$10^{+0.01}_{-0.02}$,从一批已轧制好的钢板中随机抽检100块,得到:样本平均值$\bar{x}=9.945$,样本标准差$S=0.004$。求该工序的过程能力指数。

解 因为

$$T_u = 10 + 0.01, \quad T_l = 10 - 0.02$$

所以

$$C_p \approx \frac{T_u - T_l}{6S} = \frac{(10+0.01)-(10-0.02)}{6 \times 0.04} = 0.125$$

(2) 加工质量特性值的平均值 μ 与技术标准中心 M 不重合的情况,如图 4.3 所示。

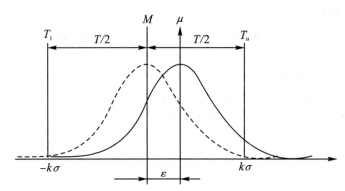

图 4.3 有偏移情况下求过程能力指数示意图

由于过程中存在系统性的影响因素,致使实际质量特性值的分布中心 μ 偏移技术标准中心 M。

令 $\varepsilon = |M-\mu|$,ε 为质量特性值的分布中心 μ 对技术标准中心 M 的绝对偏移量,把 ε 对 $T/2$ 的比值称为相对偏移量,记作 k,则有

$$k = \frac{\varepsilon}{T/2} = \frac{2|M-\mu|}{T} \tag{4.4}$$

因为

$$M = \frac{T_u + T_l}{2}, \quad T = T_u - T_l$$

所以

$$k = \frac{|(T_u - T_l)/2 - \mu|}{(T_u - T_l)/2}$$

引入修正的过程能力指数,其计算公式为

$$C_{pk} = C_p(1-k) \tag{4.5}$$

从以上公式可知:

① 加工质量特性值的平均值 μ 与技术标准中心 M 重合时,即 $\varepsilon = |M-\mu| = 0$ 时,$k=0$。这是一种理想状态。

② 当加工质量特性值的平均值 μ 恰好位于技术标准的上限或下限时,即 $\mu = T_u$ 或 $\mu = T_l$ 时,$k=1$。这时将有 50% 的废品率。

③ 当加工质量特性值的平均值 μ 位于技术标准界限之外时,$k>1$。这时有大量废品出现。

【例 2】 某工序的零件尺寸要求为 $\phi = 20 \pm 0.023$,经随机抽样,测得样本平均

值 $\bar{x}=19.997$,样本标准差 $S=0.007$。求该工序的过程能力指数。

解 技术标准(公差)中心

$$M = \frac{T_u + T_l}{2} = \frac{(20+0.023)+(20-0.023)}{2} = 20 \text{ (mm)}$$

技术标准幅度(公差带)

$$T = T_u - T_l = (20+0.023)-(20-0.023) = 0.046 \text{ (mm)}$$

偏移量

$$\varepsilon = |M - \bar{x}| = |20 - 19.997| = 0.003 \text{ (mm)}$$

偏移度

$$k = \frac{\varepsilon}{T/2} = \frac{0.003}{0.046/2} = 0.13$$

过程能力指数

$$C_p = \frac{T_u - T_l}{6S} = \frac{0.046}{6 \times 0.007} = 1.095$$

修正过程能力指数

$$C_{pk} = C_p(1-k) = 1.095(1-0.13) = 0.950$$

2. 单侧公差情况的过程能力指数的计算

技术标准为单侧时,如图 4.4 所示。

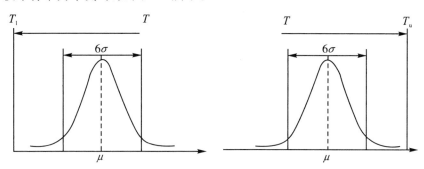

图 4.4 单侧公差情况过程能力指数的计算

有些产品其质量技术指标只规定技术标准下限,如日光灯的寿命、钢丝的抗拉强度等越大越好,常用不低于、不少于等语言描述;而还有些产品其质量技术指标只规定技术标准上限,如产品的光洁度、S 含量、P 含量等越小越好,常用不高于、不多于等语言描述。

当技术标准为单侧时,过程能力修正为 $PC=3\sigma$。

当只规定技术标准下限时,过程能力指数的定义式为

$$C_p = \frac{\mu - T_l}{3\sigma} \approx \frac{\bar{x} - T_l}{3S} \tag{4.6}$$

当只规定技术标准上限时,过程能力指数的定义式为

$$C_p = \frac{T_u - \mu}{3\sigma} \approx \frac{T_u - \bar{x}}{3S} \tag{4.7}$$

【例3】 生产某种绝缘材料,规定其击穿电压不得低于 1 200 V,对样本容量为 50 的样本的实测结果为 $\bar{x}$=4 000 V,S=1 000 V,求该工序的过程能力指数。

解 $C_p = \dfrac{\mu - T_l}{3\sigma} \approx \dfrac{\bar{x} - T_l}{3S} = \dfrac{4\,000 - 1\,200}{3 \times 1\,000} = 0.933$。

【例4】 某产品含杂质要求不能超过 12.2 mg,样本 $\bar{x}$=12.1 mg,S=0.038 mg,求该工序的过程能力指数。

解 $C_p = \dfrac{T_u - \mu}{3\sigma} \approx \dfrac{T_u - \bar{x}}{3S} = \dfrac{12.2 - 12.1}{3 \times 0.038} = 0.877$。

四、不合格品率的计算

当质量特性的分布呈正态分布时,一定的过程能力指数与一定的不合格品率相对应。

(1) 加工质量特性值的平均值 μ 与技术标准中心 M 重合的情况,如图 4.5 所示。

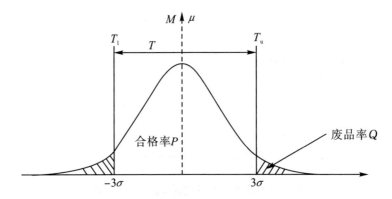

图 4.5 无偏移时不合格率的计算

当加工质量特性值的平均值 μ 与技术标准中心 M 重合时,不合格率的计算可通过求合格率来间接计算。根据图 4.5,合格率即指公差带内的面积,所以有

$$\begin{aligned}
Q &= 1 - P \\
&= 1 - \int_{\frac{T_l - \mu}{\sigma}}^{\frac{T_u - \mu}{\sigma}} \frac{1}{\sqrt{2\pi}} \exp\left(-\frac{t^2}{2}\right) dt \\
&= 1 - \left[\varphi\left(\frac{T_u - \mu}{\sigma}\right) - \varphi\left(\frac{T_l - \mu}{\sigma}\right)\right] \\
&= 1 - \left[\varphi\left(\frac{3T}{2 \times 3\sigma}\right) - \varphi\left(-\frac{3T}{2 \times 3\sigma}\right)\right]
\end{aligned}$$

$$= 1-[\varphi(3C_p)-\varphi(-3C_p)]$$
$$= 1-[1-2\varphi(-3C_p)] = 2\varphi(-3C_p) \qquad (4.8)$$

由式(4.8)可知,在加工质量特性值的平均值 μ 与技术标准中心 M 重合的情况下,废品率 Q 是标准差 σ 的函数,即

$$Q = f(\sigma) \qquad (4.9)$$

其对应的关系是,当标准差 σ 越大时,过程能力指数 C_p 值越大,废品率函数 $\varphi(-3C_p)$ 越大,则废品率 Q 越高。反之,得出相反的结论。

【例5】 求过程能力指数 $C_p=1$ 时所对应的废品率。

解 $Q = 2\varphi(-3C_p) = 2\varphi(-3\times1) = 2\times0.00135 = 0.0027 = 0.27\%$。

【例6】 求过程能力指数 $C_p=0.9$ 时所对应的废品率。

解 $Q = 2\varphi(-3C_p) = 2\varphi(-3\times0.9) = 2\times0.003467 = 0.006934 = 0.6934\%$。

(2) 加工质量特性值的平均值 μ 与技术标准中心 M 不重合的情况,如图 4.6 所示。

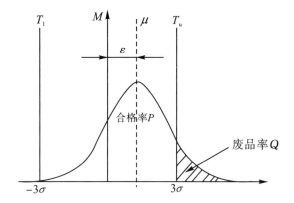

图 4.6 有偏移时不合格率的计算

当加工质量特性值的平均值 μ 与技术标准中心 M 不重合时,不合格率计算的原理同上。根据图 4.6 有

$$Q = 1-P$$
$$= 1-\int_{\frac{T_l-\mu}{\sigma}}^{\frac{T_u-\mu}{\sigma}} \frac{1}{\sqrt{2\pi}}\exp\left(-\frac{t^2}{2}\right)dt$$
$$= 1-\left[\varphi\left(\frac{T_u-M}{\sigma}-\frac{\mu-M}{\sigma}\right)-\varphi\left(\frac{T_l-M}{\sigma}-\frac{\mu-M}{\sigma}\right)\right]$$
$$= 1-\left[\varphi\left(\frac{T}{2\sigma}-\frac{\varepsilon}{\sigma}\right)-\varphi\left(-\frac{T}{2\sigma}-\frac{\varepsilon}{\sigma}\right)\right]$$
$$= 1-\left[\varphi\left(3C_p-\frac{\varepsilon}{\sigma}\right)-\varphi\left(-3C_p-\frac{\varepsilon}{\sigma}\right)\right]$$
$$= 1-\left[\varphi\left(\frac{3T}{2\times3\sigma}-\frac{\varepsilon}{\sigma}\right)-\varphi\left(-\frac{3T}{2\times3\sigma}-\frac{\varepsilon}{\sigma}\right)\right]$$

$$= 1-[\varphi(3C_p-3kC_p)-\varphi(-3C_p-3kC_p)]$$
$$= 1-\{\varphi[3C_p(1-k)]-\varphi[-3C_p(1+k)]\}$$
$$= 1-\varphi[3C_p(1-k)]+\varphi[-3C_p(1+k)] \tag{4.10}$$

【例7】 已知某零件尺寸要求为 50 ± 1.5（mm），抽取样本，$\bar{x}=50.6$（mm），$S=0.5$（mm），求该批零件的不合格率。

解

$$C_p = \frac{T}{6S} = \frac{51.5-48.5}{6\times 0.5} = 1.0$$

$$k = \frac{\varepsilon}{T/2} = \frac{|M-\bar{x}|}{T/2}$$

$$= \frac{|(51.5+48.5)/2-50.6|}{(51.5-48.5)/2} = 0.40$$

$$Q = 1-\{\varphi[3C_p(1-k)]-\varphi[-3C_p(1+k)]\}$$
$$= 1-\{\varphi[3\times 1(1-0.4)]-\varphi[-3\times 1(1+0.4)]\}$$
$$= 1-\varphi(1.8)+\varphi(-4.2)$$
$$= 1-0.9641+0.00001335$$
$$= 0.03591335$$
$$= 3.59\%$$

五、过程能力判定

由以上分析可知，过程能力实质上是指一个流程能够稳定生产出合格品的能力。过程能力指数定量地表达了这种能力。过程能力的大小取决于过程影响质量因素的控制水平，具体体现在产品质量参数的大小和分布上，即一方面质量参数的平均值与技术标准中心的偏移程度，偏移越小，质量控制水平越高，合格率越高，废品率越低；另一方面，质量参数的标准差越小，表明产品质量的离散程度越小，过程能力越高，产品的合格率越高，废品率越低。反之得出相反的结论。因此，可以从过程能力指数的数值大小判断生产合格品的工序能力的大小。

根据过程能力的计算公式，如果质量特性分布中心与标准中心重合，即 $K=0$，则标准界限范围是 $\pm 3\sigma$（即 6σ）时，$C_p=1$，可能出现的废品率为 0.27%。这在许多情况下是不能令人满意的，况且生产过程稍有波动，就可能产生较多的不合格品，所以这种工序状态没有留有余地。

当 $C_p<1$ 时，废品率增加，工序不能满足技术要求，应找出原因并加以提高。

当 $C_p>1$ 时，合格品增加，废品率减小。一般情况下希望继续提高或保持该状态。

表4.1基于 3σ 质量控制原则给出过程能力指数的判断标准。

表4.1　过程能力指数 C_p 与不合格品率 Q 的关系及判断标准

过程能力指数 C_p	不合格品率 Q	评 价	措 施
0.2	0.548 6	能力太小	不宜生产
0.4	0.230 2	能力太小	不宜生产
0.6	0.071 8	能力太小	不宜生产
0.67	0.045 6	能力太小	不宜生产
0.8	0.016 4	能力不足	不宜生产
0.9	0.007 0	能力不足	勉强生产,加强改进
1.0	0.002 7	能力尚可	严格检验,不断改进
1.1	0.000 96	能力尚可	严格检验,不断改进
1.2	0.000 3	能力尚可	严格检验,不断改进
1.3	0.000 1	能力尚可	严格检验,不断改进
1.33	0.000 065	能力较充足	维持巩固
1.4	0.000 027	能力较充足	维持巩固
1.5	0.000 006 8	能力充足	维持巩固
1.6	0.000 001 6	能力充足	维持巩固
1.67	0.000 000 62	能力很充足	免检
2.00	0.000 000 002	能力很充足	免检

第三节　西格玛水平 Z

在六西格玛管理中,通常使用西格玛水平 Z 作为满足顾客要求程度的业绩度量。在这种度量中,把每个测量值相对于顾客要求的偏离程度考虑进来,最简单的一种是用测量数据的标准差 S 与顾客要求的规格上限 T_u 和规格下限 T_l 的关系来表达,为表述方便,并区别统计学上的 6σ,以下用 Z 表示六西格玛水平。对应于过程输出无偏移的情况,Z_0 是指公差范围与 2σ 的比值,记为

$$Z_0 = \frac{T_u - T_l}{2\sigma} \approx \frac{T_u - T_l}{2S} \quad \text{或者} \quad Z = 3C_p \tag{4.11}$$

考虑到 1.5σ 的偏移,Z 为

$$Z = Z_0 \pm 1.5 \tag{4.12}$$

【例8】　某送餐公司为某学校送午餐,学校希望在中午 12:00 送到,但实际总有误差,因而提出送餐的时间限定在 11:55～12:05 之间,即 $T_l = 11:55$,$T_u = 12:05$。第一个星期该送餐公司将午餐送达的时间分别为 12:07,11:58,11:50,

12:09,12:15,求该公司准时送餐的西格玛水平 Z。

解 先将每个数据都减去 12:00,得时间差分别为 $7,-2,-10,9,15$。

其样本均值:$\bar{x}=3.8$。

其样本标准偏差:

$$S=\sqrt{\frac{(7-3.8)^2+(-2-3.8)^2+(-10-3.8)^2+(9-3.8)^2+(15-3.8)^2}{5-1}}$$

$=9.83$

代入公式(4.11)得

$$Z_0=\frac{T_u-T_l}{2\sigma}\approx\frac{T_u-T_l}{2S}=\frac{10}{2\times 9.83}=0.508$$

因为 $\bar{x}\neq M=0.05$,由公式(4.12)得

$$Z=Z_0+1.5=2.008$$

即该公司准时送餐的西格玛水平约为 2。由表 4.4 可知其合格率约为 69.13%,这意味着在全年 254 个工作日中将有 78 天不能准时送餐。

【例9】 某钢铁企业生产的钢板厚度希望控制在 12.00 mm,但在实际生产中总有误差或波动,因此,标准中允许有一定的偏差,假定允许偏差为 ± 0.05 mm,即 $T_l=11.95$ mm,$T_u=12.05$ mm。过去的两个小时内生产的钢材厚度为 11.90 mm,11.95 mm,12.00 mm,12.05 mm,12.10 mm,求该钢铁企业生产钢板的西格玛水平 Z。

解 先将钢板厚度按相对于目标值 12.00 mm 的差值进行换算,即每个扎过的钢板厚度数据都减去 12.00,得厚度差分别为 $-0.10,-0.05,0.00,0.05,0.10$。

其样本均值:$\bar{x}=0.00$ mm,即平均钢板厚度为 12.00 mm。

其样本标准偏差:

$$S=\sqrt{\frac{0.10^2+0.05^2+0+0.05^2+0.10^2}{5-1}}=0.250\,998$$

代入公式(4.11)得

$$Z_0=\frac{T_u-T_l}{2\sigma}\approx\frac{T_u-T_l}{2S}=\frac{0.10}{2\times 0.250\,998}=0.199\,2\approx 0.20$$

因为 $\bar{x}\neq M=0$,由公式(4.12)得

$$Z=Z_0+1.5=1.70$$

即该钢铁企业生产钢板厚度的西格玛水平约为 1.7。由表 4.4 可知其合格率约为 58.00%,这意味着过去两个小时内生产的钢材厚度有超过 1/3 的不能达标。

第四节 最终合格率 PFY 与流通合格率 RTY

一、基本概念

1. 首次产出率 FTY

首次产出率 FTY 是指过程每输出一次达到顾客规范要求的一次提交合格比率。首次产出率 FTY 曾经是许多企业度量质量水平的常用方法。但这种方法不能计算过程的输出在通过最终检验前发生的返工、返修或报废的损失。在六西格玛管理中把过程中的返工、返修或报废实际存在的过程称为"隐蔽工厂"。"隐蔽工厂"不仅出现在制造过程中,同时也会出现在设计、服务等过程中。人们对于"隐蔽工厂"的存在一般是不太经意的,或者是听之任之。事实上,"隐蔽工厂"给企业带来的损失是巨大的,必须设法找出"隐蔽工厂"的存在并最大限度地将其消灭。

2. 流通合格率 RTY

流通合格率是构成每个子过程的首次合格率的乘积,表明由这些子过程构成的全过程的最终合格率。流通合格率与首次产出率的区别是:流通合格率充分考虑了过程中子过程的存在,即"隐蔽工厂"的因素,发现过程隐含的问题,发现不增值的劣质成本,揭露"隐蔽工厂"存在的秘密,进一步分析不良情况发生的原因。因此流通合格率是一种能够找出"隐蔽工厂"的地点和数量的度量方法。

3. 最终合格率 PFY

最终合格率是通过检验的最终合格单位数占过程全部生产单位数的比率,实际上也是一个工艺流程的最后一个子过程的首次产出率。同样,最终合格率也不能计算过程的输出在通过最终检验前发生的返工、返修或报废的损失。

若一个流程有 n 个子过程,则流通合格率 RTY 与首次产出率 FTY 的定量关系为

$$RTY = FTY_1 \times FTY_2 \times \cdots \times FTY_n \qquad (4.13)$$

式中,FTY_i 是各子过程的首次产出率。该公式充分考虑了各子过程的因素,比较客观地反映了过程运作的实际。

二、举例

【例 10】 某一设备(流程)由 50 个部件(子过程)组成,每一个部件(子过程)的

首次产出率 FTY 都为 99%，求该设备的流通合格率 RTY。

解 本例 $n=50$，且
$$FTY_1 = FTY_2 = \cdots = FTY_{50} = 99\%$$
根据公式(4.13)得
$$RTY = FTY_1 \times FTY_2 \times \cdots \times FTY_n$$
则
$$RTY = (0.99)^{50} = 60.5\%$$

由计算知，即使该设备每一个部件（子过程）的首次产出率 FTY 都为 99%，流通合格率 RTY 也仅为 60.5%，即有 40% 的部件需经返工或报废处理。也许经过处理后，过程的输出可以 100% 地交付顾客，即传统意义上的产出率为 100%，但这个过程中存在着质量、成本和周期的巨大损失。因此首次产出率 $FTY=99\%$ 对于设备（流程）由多个单元组成时，也未必能保证整体或系统的高质量，如表 4.2 所示。

表 4.2 流通合格率 RTY 与首次产出率 FTY 的关系

FTY	$RTY10$	$RTY20$	$RTY30$	$RTY50$
RTY	90.44%	81.79%	73.97%	60.5%

【例 11】 计划生产 1 000 个产品，工艺流程由 5 个工序（子过程）组成，每一工序的首次产出率 FTY 分别为 $92\%,82\%,84\%,82\%,95\%$，求该产品工艺流程的流通合格率 RTY 及最终合格率 PFY。

解 本例 $n=5$，根据
$$RTY = FTY_1 \times FTY_2 \times \cdots \times FTY_n$$
则
$$RTY = FTY_1 \times FTY_2 \times FTY_3 \times FTY_4 \times FTY_5$$
$$= 0.92 \times 0.82 \times 0.84 \times 0.82 \times 0.95 = 49.3\%$$

图 4.7 是分析和计算流通合格率及最终合格率的图解。

由图 4.7 可知，由于该流程中每一工序都有废品和返工的存在，到工序的最后，投料 1 000 件原料未经报废和返工的合格品数量仅有 493 件，即流通合格率仅为 49.3%。另外，在工序过程中，共有 286 件废品，有 221 件产品是经过返工而成为合格品的，如果把两种合格品加在一起就有 714 件合格品，所以最终合格率为 71.4%。由此看来最终合格率掩盖了"隐蔽工厂"的存在。因为在多数企业的会计制度中未能计入因返工而成为合格品的费用损失，以致实际估算的价值偏高。因此，在 6σ 理论中用流通合格率来评价企业的质量水平是科学公正的方法之一。

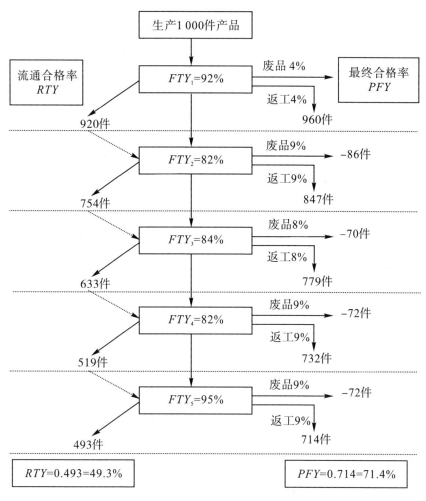

图 4.7 流通合格率及最终合格率计算实例

第五节 单位产品缺陷数 DPU、单位机会缺陷数 DPO 及百万机会缺陷数 DPMO

一、基本概念

1. 缺陷

依照 ISO 9000(2000)版质量管理标准的定义,凡是达不到质量规格要求的任何事情都是缺陷。这种缺陷通常是因为生产制造流程或交易流程发生了不符合技术规格和标准的事件。缺陷没有大小轻微和严重程度之分,例如一台电视机的显示屏上有一道轻轻的划痕,另一台电视机的显像管有问题。不能说轻轻的划痕是轻微的缺陷,因为它不影响影像质量;显像管有问题是严重的大缺陷,因为它直接影响到影像质量。需要注意的是在市场竞争日趋激烈的今天,无论是轻轻的划痕还是显像管有问题最终导致的都是顾客的不购买。所以,凡是顾客不满意的就是缺陷,而缺陷的规格标准由顾客决定,不符合规格标准的都是缺陷,即超出上下规格限的都是缺陷。产品上有缺陷就要判为不合格品,但不合格品上可能不止一个缺陷。考察产品上的缺陷个数是对产品质量认识的深化。

2. 单位

单位是指过程加工过的对象,或传递顾客的一个产品及一次服务。如一件产品、一个表格、一炉钢、一次电话服务等。典型缺陷和单位举例如表 4.3 所示。

表 4.3 典型缺陷和单位举例

项目职能	产品或服务	缺 陷	单 位
刹车装置	汽车	反应不灵敏	每个汽车
某一化学成分	钢板	超出要求范围	每块钢板
家具	办公桌	桌面油漆不光洁	每张办公桌
体检	化验单	不准确	每个人
教材	课本	错别字	每页纸
顾客服务	咨询电话	五声铃声无人接	每次电话

3. 缺陷机会

在六西格玛管理理论中,机会是指缺陷可能出现的场所,缺陷机会是指对一个具体的单位出现缺陷的可能性,机会缺陷数是指可能产生缺陷之处的数量。例如一块电路板上有 200 个焊点,那么诸如虚焊、漏焊、焊锡过多等缺陷只能出现在这 200 个位置上,这 200 个位置就是 200 个缺陷机会;同样,一张表格上有 20 个要填报的栏目,就有 20 个缺陷机会。性质不同、复杂程度不同的产品和服务出错机会是大不一样的。如一部手机的出错机会是 1 200 个,一部呼机的出错机会是 850 个;再比如英文单词 computer 由 8 个字母组成,8 个字母无论哪一个字母写错了,这个单词的拼写都错了,所以它有 8 个出错机会。出错机会是每一个单位工作中可能发生的且最终导致顾客不满意的最大错误个数。

4. 单位产品缺陷数 DPU

过程缺陷的数量与过程输出的单位数量比就是单位产品的缺陷数,即平均每个单位上有多少缺陷,其计算公式为

$$DPU = \frac{缺陷总数}{单位总数} \tag{4.14}$$

5. 单位机会缺陷数 DPO、百万机会缺陷数 DPMO

所谓单位机会缺陷数 DPO 是指过程输出缺陷的数量与过程输出的缺陷机会总数之比,缺陷机会总数是单位数与出错机会的乘积;百万机会缺陷数 DPMO 就是将 DPO 乘以 1 000 000,以便尽可能去掉小数。它们的计算公式分别为

$$DPO = \frac{缺陷总数}{缺陷机会总数} = \frac{缺陷总数}{单位数 \times 出错机会} \tag{4.15}$$

$$DPMO = DPO \times 10^6 = \frac{缺陷总数 \times 1\,000\,000}{缺陷机会总数} \tag{4.16}$$

二、举例

【例 12】 有两批产品,各有产品 100 件。第一批产品中有 5 个不合格品,每个不合格品上有 1 个缺陷。第二批产品中也有 5 个不合格品,但 5 个不合格品中共有 100 个缺陷。分别求出这两批产品的不合格品率及单位产品的缺陷数。

解 (1) 求不合格品率:

由于不合格品率=$\frac{不合格品数}{单位总数}$,代入两批产品的相关数据,得到它们的不合格品率均为 5%。

单纯从不合格品率的计算结果看不出两批产品的质量差距。

(2) 求单位产品的缺陷数:

由于 $DPU = \frac{缺陷总数}{单位总数}$,代入两批产品的相关数据,得

$$DPU_1 = \frac{5}{100} = 0.05$$

$$DPU_2 = \frac{100}{100} = 1$$

经计算得 $DPU_2 > DPU_1$,则两批产品质量的差异就显示出来了。

由以上分析和计算可知,通过计算测量单位产品的缺陷数 DPU 可以分析目前的业绩状况,DPU 越小流程能力越强,另外 DPU 能够比不合格品率更清晰、更准确地描述批量产品或服务的质量水准,并且为计算和转换 6σ 水平做好准备。

【例 13】 某产品生产过程由 18 个环节组成,每个环节都有 7 个关键质量特性 CTQ。现检查了该产品 1 000 个,共发现 145 个缺陷。试求单位机会缺陷数 DPO

及百万机会缺陷数 $DPMO$。

解
$$DPO = \frac{145}{18 \times 7 \times 1\,000} = 0.001\,151$$
$$DPMO = 0.001\,151 \times 1\,000\,000 = 1\,151$$

即每百万机会中有 1 151 个缺陷。

【例 14】 某一产品有 10 个位置可能产生缺陷。每个位置上最多出现一个缺陷。若取 600 个这样的产品,共发现 18 个缺陷。试求单位机会缺陷数 DPO 及百万机会缺陷数 $DPMO$。

解
$$DPO = \frac{18}{600 \times 10} = 0.003$$
$$DPMO = 0.003 \times 1\,000\,000 = 3\,000$$

即每百万机会中有 3 000 个缺陷。

【例 15】 在生产的 100 条毛巾中共发现 10 个缺陷,在生产的 100 块手表中也发现 10 个缺陷,假如生产 1 条毛巾的关键质量特性 CTQ 有 5 个,生产 1 块手表的关键质量特性 CTQ 有 100 个,分别求出这两个产品的不合格品率、单位产品缺陷数 DPU、单位机会缺陷数 DPO 及百万机会缺陷数 $DPMO$。

解 (1) 求不合格品率:

代入两批产品的相关数据,得它们的不合格品率均为 10%。

(2) 求单位产品缺陷数 DPU:

代入两批产品的相关数据,得
$$DPU_{毛巾} = DPU_{手表} = 0.1$$

(3) 求单位机会缺陷数 DPO:

代入两批产品的相关数据,得
$$DPO_{毛巾} = \frac{10}{100 \times 5} = 0.02$$
$$DPO_{手表} = \frac{10}{100 \times 100} = 0.001$$

(4) 求百万机会缺陷数 $DPMO$:

代入两批产品的相关数据,得
$$DPMO_{毛巾} = \frac{10 \times 1\,000\,000}{100 \times 5} = 20\,000$$
$$DPMO_{手表} = \frac{10 \times 1\,000\,000}{100 \times 100} = 1\,000$$

由计算可知,虽然两种产品的不合格品率、单位产品的缺陷数 DPU 是相等的,但两种产品的单位机会缺陷数 DPO 及百万机会缺陷数 $DPMO$ 是不同的,$DPO_{毛巾} > DPO_{手表}$,$DPMO_{毛巾} > DPMO_{手表}$。说明手表的质量控制水平较毛巾的质

量控制水平高。

本例说明单位机会缺陷数 DPO 及百万机会缺陷数 DPMO 将出错机会考虑进来,排除了复杂程度不同等因素对质量评价带来的影响。复杂程度体现在出现缺陷机会的多少上,"复杂"可理解为产生缺陷的机会更多,这样就可以很容易地比较生产毛巾的质量水平与生产手表的质量水平的差异。因此,单位机会缺陷数 DPO 及百万机会缺陷数 DPMO 成为对具有不同复杂程度的产出进行公平度量的通用尺度。单位机会缺陷数 DPO 及百万机会缺陷数 DPMO 的实质是全面考察生产过程中所存在的所有可能的质量缺陷,其大小充分反映了产品或服务未满足顾客需求的程度。由此企业可以按照顾客的需求对缺陷和机会进行重新界定,以显示质量水平及存在的改进空间。

第六节 业绩评价指标的转换

以上几节介绍了用于业绩度量的三大类指标:基于平均值/标准差(连续性数据)的 σ 水平度量指标 Z;基于合格/不合格(计数型数据)的首次合格率 FTY/流通合格率 RTY 度量指标;基于缺陷数据(计点型数据)的单位产品缺陷数 DPU、单位机会缺陷数 DPO 及百万机会缺陷数 DPMO。这些指标基本覆盖了对产品、服务、商务、管理等领域所有类型过程业绩的度量。为了将这三类度量指标统一起来,在 6σ 管理中,常常将 FTY/RTY、DPU/DPMO 折算为 Z(西格玛水平)。在折算过程中采用了将 FTY/RTY、DPU/DPMO 转换为标准正态分布中对应的概率,并根据概率分布找出对应的 Z。表 4.4 是考虑了偏移 1.5σ 后 FTY/RTY、DPMO 与西格玛水平 Z 的转换表。如果计算出了 FTY/RTY 或 DPMO,通过查表即可知道流程达到的西格玛水平。限于篇幅,表中所列内容只是一小部分。对于不同的过程、不同的顾客和不同的要求,都可以将顾客或过程要求量化,并用不同的度量指标评价现实业绩与目标之间的差距。但不论采取什么样的指标,都可以将其转化为西格玛水平,以便在同一个标准下将不同的过程进行对比。如一个生产过程达到了 5σ 水平,而一个服务过程仅为 2.6σ 水平,可以说在满足顾客要求方面,生产过程好于服务过程,该服务过程应努力改善。又比如,在向顾客提高产品或服务中采用了不同的方法,在评价满足顾客要求方面采用了不同的测量系统和测量指标,但将这些指标转化为西格玛水平 Z 后,才能找出彼此的差距。

表 4.4　DPMO 与西格玛水平 Z 的转换表

FTY	DPMO	偏移 1.5σ 的 Z	对应的无偏移的 Z
6.68	933 200	−1.5	0
10.56	894 400	−1.25	0.25
15.87	841 300	−1.0	0.50
22.66	773 400	−0.75	0.75
30.85	691 500	−0.5	1
40.13	598 700	−0.25	1.25
50.00	500 000	0.0	1.5
59.87	401 300	0.25	1.75
69.15	308 500	0.5	2
77.34	226 600	0.75	2.25
84.13	158 700	1.0	2.5
89.44	105 600	1.25	2.75
93.32	66 800	1.5	3
95.99	40 100	1.75	3.25
97.73	22 700	2	3.5
98.78	12 200	2.25	3.75
99.38	6 200	2.5	4
99.70	3 000	2.75	4.25
99.87	1 300	3	4.5
99.94	600	3.25	4.75
99.977	230	3.5	5
99.987	130	3.75	5.25
99.997	30	4	5.5
99.998 33	16.7	4.25	5.75
99.999 66	3.4	4.5	6

第五章 六西格玛管理常用工具与方法

在六西格玛管理中,需要用到大量的工具和方法,也只有对这些工具和方法有了深入的了解和掌握,才能有效地实施六西格玛管理。限于篇幅,本章有重点地介绍一些常用的工具和方法,详细内容可参阅有关专著。

第一节 质量功能展开

一、概述

在六西格玛管理中,质量功能展开有着十分重要的地位。其主要作用是,通过对顾客需求的逐层展开来确定产品设计或产品改进的关键质量特性,从而为实施六西格玛管理确定了重点,明确了方向。

1. 质量功能展开的定义

目前尚没有一个统一的关于质量功能展开的定义。但对如下的一些认识是共同的:

(1) 质量功能展开最显著的特点是要求企业不断地倾听顾客的意见和需求,并通过合适的方法和措施在产品形成的全过程中将这些需求予以体现。

(2) 质量功能展开是在实现顾客需求的过程中,帮助在产品形成过程中所涉及的企业各职能部门制定出各自的相关技术要求和措施,并使各职能部门协同地工作,共同采取措施保证和提高产品质量。

(3) 质量功能展开的应用涉及产品形成全过程的各个阶段,尤其是产品的设计和生产规划阶段,被认为是一种在产品设计开发阶段进行质量保证的方法。

依据上述共识,质量功能展开(Quality Function Deployment,简称 QFD)可以理解为一种立足于在产品开发过程中最大限度地满足顾客需求的系统化、用户驱动式的质量管理方法;也可以理解为把顾客或市场的需要转化为产品的设计要求、零部件特性、工艺要求和生产要求的多层次演绎的分析方法。

2. 质量功能展开的起源与发展

质量功能展开产生于 20 世纪 60 年代的日本。这是由于日本质量管理发展到

TQC 阶段后,出现了一个疑问,即:为了保证设计质量,能否在产品的设计阶段即确定制造过程中的质量控制要点,减少生产初期大量错误的发生。解决这个问题的要求就成为质量功能展开出现的最初原因。为了解决这个问题,1966 年,日本三菱重工的神户造船所针对产品可靠性,提出了质量表的雏形。随后,水野滋教授提出了狭义的质量功能展开的概念。1972 年,三菱重工业有限公司神户造船厂首先使用质量表(相当于质量屋)的形式进行质量展开,标志着质量功能展开的问世。1978 年水野滋和赤尾洋二出版学术专著《质量功能展开》,全面介绍了质量功能展开的基本原理和方法。从此日本进入了质量功能展开的推广应用阶段,以钢铁、造船工业等制造业为起点,逐渐发展到建筑业、医院、软件产业、服务业以及企业的战略规划等领域中。

20 世纪 80 年代质量功能展开在美国得到进一步发展,1988 年美国国防部发布 DODD5000.51《全面质量管理》文件,在此文件中明确规定质量功能展开为承制美军军用产品的厂商所必须采用的技术。美国民用产品行业、美国汽车工业界、供应商协会(ASI)积极引进质量功能展开,将质量功能展开作为减少质量波动、提高产品可靠性的技术方法之一。美国的福特汽车公司、通用汽车公司、惠普公司、麦道公司、施乐公司等都相继采用了质量功能展开方法。

我国航空工业界于 20 世纪 80 年代中期引进了质量功能展开,已取得了部分成果。80 年代后期及 90 年代,汽车、电子、机械等行业在质量功能展开的应用上也有一定进展。

3. 质量功能展开的作用

(1) 增加顾客的满意度。质量功能展开的出发点就是面向顾客需求的产品设计,它通过市场调研,认真地调查和分析顾客需求,并将这些需求转换成工程设计人员所能理解的产品和零件的量化特征,找出与顾客需求相关的技术措施,开展健壮性优化设计,开发出使顾客满意的产品。因此顾客对产品的满意度会显著增强。

(2) 提高产品的竞争能力。由于在产品的设计阶段就考虑到制造问题,产品设计和工艺设计交叉并行进行,可以缩短产品开发周期、减少设计更改,降低产品成本。

(3) 提高企业的竞争能力。通过顾客需求的分析及对市场上同类产品的竞争性评估,能够在产品的设计开发阶段知己知彼、借鉴先进、扬长避短,从而使开发的产品以最快的速度、最低的成本和最优的质量占领市场。

4. 质量功能展开的基本原理

质量功能展开是通过一定的市场调查方法抽出对产品的质量要求,经过语言变换,列出要求质量,并采用矩阵图解法(也称质量屋)将顾客需求转换为技术需求(最终产品特征),并根据顾客竞争性评估(从顾客的角度对市场上同类产品进行的评估,通过市场调查得到)和技术竞争性评估(从技术的角度对市场上同类产品进行的评估,通过试验或其他途径得到)结果确定各个技术需求的目标值。上述原理如图 5.1 所示。

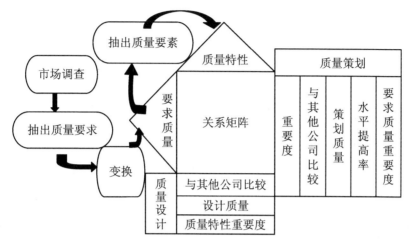

图 5.1 质量功能展开简图

以上是针对质量功能展开的第一个质量屋,即用产品规划矩阵来描述质量屋的结构。对于质量功能展开过程中的其他质量屋矩阵,其结构完全相同。所不同的是顾客需求中的顾客已变成了广义的顾客,技术要求也进一步扩展为引申了的其他技术方面的要求。这时,质量功能展开过程中的上一级质量屋,就变成了其下一级质量屋——零部件规划矩阵的顾客;相应地,下一级质量屋——零部件规划矩阵的技术要求也就具体地变为关键零部件特性,以此类推,就可以利用质量屋这类工具,系统地把产品的设计要求(设计规格或规范)逐层展开为零部件的设计要求、工艺要求和生产要求等。然后,采取加权评分的方法,对设计、工艺要求的重要性做出评定,并通过量化的计算,找出产品的关键单元、关键部件、关键工艺,从而为应用优化设计这些"关键",提供方向和采取有力措施,最终保证产品开发和生产质量。

二、质量功能展开的基本过程与基本步骤

1. 质量功能展开的基本过程

典型的质量功能展开的基本过程如图 5.2 所示。典型的质量功能展开是由四个阶段组成的,它们分别将产品质量特性、零件质量特性、工艺质量特性和质量控制要素转化为产品规划、零件规划、工艺规划和最终的设计质量。首先,将顾客需求通过质量屋转化为产品质量特性,即把顾客需求反映体现到产品设计的技术需求中,形成产品规划。其次,将产品规划转化为零件特性,形成零件规划。第三,将零件规划转化为生产工艺特性,形成零部件生产的工艺规划。最后,将工艺规划转

化为生产过程中的质量控制要素,形成产品的最终的设计质量。这样就把顾客的需求类似于瀑布般地分解到整个产品开发过程中。

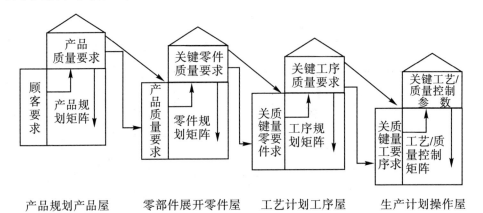

图 5.2 质量功能展开基本过程示意图

2. 质量功能展开的基本步骤

在确定了质量功能展开的项目后,质量功能展开的基本步骤如下:

(1) 制定产品规划

产品规划的主要任务是将顾客需求转换成设计用的技术特性,并根据顾客需求的竞争性评估和技术需求的竞争性评估,确定各个技术需求的目标值。在产品规划过程中要完成的任务是:完成从顾客需求到技术需求的转换;从顾客的角度对市场上同类产品进行评估;从技术的角度对市场上同类产品进行评估;确定顾客需求和技术需求的关系及相关程度;分析并确定各技术需求相互之间的制约关系;确定各技术需求的目标值。

(2) 制定零件规划

基于优选出的产品规划方案,确定对产品组成有重要影响的关键零部件的技术特性,建立零件规划阶段的质量屋,并由此形成零件规划。在此过程中,要按照在产品规划矩阵所确定的产品技术需求,确定对产品整体组成有重要影响的关键部件/子系统及零件的特性,利用失效模型及效应分析(FMEA)、故障树分析(FTA)等方法对产品可能存在的故障及质量问题进行分析,以便采取预防措施。

(3) 制定工艺规划

根据零件规划中所确定的关键零部件的质量特性及已完成的产品初步规划方案,进行产品的详细设计,建立工艺规划的质量屋,完成产品各部件/子系统及零件的设计工作。在此基础上选择好工艺实施方案,完成产品工艺过程设计,包括制造工艺和装配工艺。

通过工艺规划矩阵,确定为保证实现关键产品特征和零部件特征所必须给以保证的关键工艺步骤及其特征,即从产品及其零部件的全部工序中选择和确定出对实现零部件特征具有重要作用或影响的关键工序,确定其关键程度。

（4）制定质量控制规划

根据关键零部件的工艺特性,将关键零件特性所对应的关键工序及工艺参数转换为具体的工艺/质量控制方法,包括控制参数、控制点、样本容量及检验方法等。建立生产规划阶段的质量屋,并由此形成产品的最终设计质量。

需要说明的是产品规划、零件规划、工艺规划及质量控制规划各阶段的有关方案需要适时进行评估,不断地进行改进和完善,以确保设计质量。

三、质量屋

质量功能展开的基本原理就是用"质量屋"的形式,利用矩阵表,量化分析顾客需求与工程技术措施之间的关系,找出关键措施（或关键质量特性）,从而指导设计人员抓住主要矛盾,设计开发出满足顾客需求的产品。

"质量屋"也称为质量表,是一种形象直观的二元矩阵展开图表。质量屋是把质量需求转换为实现质量需求的基本工具。图5.3是质量屋的基本结构示意图。

一个完整的质量屋包括6个部分,即顾客需求、产品质量特性、关系矩阵、竞争分析、技术要求相关关系矩阵和技术评估。

1. 顾客需求

把各项顾客需求进行分类,将顾客需求1、顾客需求2……顾客需求 nc,填入质量屋中,绘制要求质量展开表,形成"左墙"。并且采用专家评分法给各项顾客需求赋予恰当的权重,以反映其重要性的程度。

2. 产品质量特性

产品质量特性在质量屋里位于天花板位置。产品质量特性是用来实现产品功能、满足顾客需求的手段,一般由专家根据顾客需求分析推演出来,它需用标准化的形式表述。产品质量特性可以是一个产品的特征或技术指标,也可以是指产品的零件特性或技术指标,或者是一个零件的关键工序及属性等。产品质量特性也可采用简单的列表、树图、分层调查表或系统图的方式描述。所确定的产品质量特性应与顾客需求相匹配,要保证满足顾客需求。

3. 关系矩阵

关系矩阵是质量屋的本体部分,在质量屋里位于房间位置。关系矩阵是顾客需求和产品质量特性之间的相关程度关系矩阵,用于描述产品质量特性对各个顾客需求的贡献和影响程度。

4. 竞争分析

竞争分析在质量屋里位于房间的右墙上。竞争分析是指站在顾客的角度,对本组织的产品和市场上其他竞争者的产品在满足顾客需求方面进行评估,以反映本企业产品的市场竞争能力,并在此基础上提出质量改进目标。

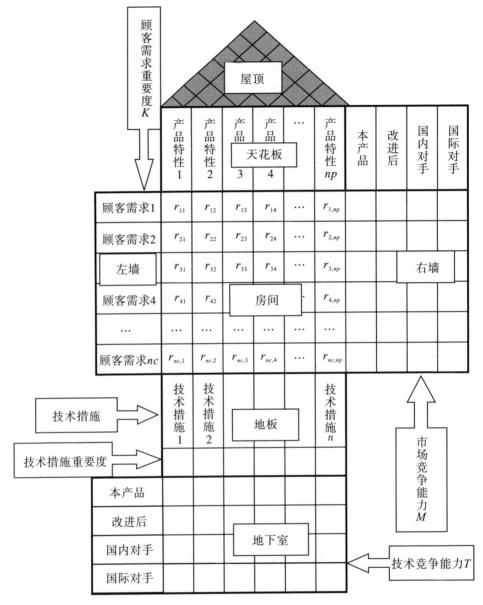

图 5.3 质量屋的基本结构示意图

5. 技术要求相关关系矩阵

技术要求相关关系矩阵是反映各产品质量特性之间相互影响关系的表格。它呈三角形,又位于质量屋的上方,故被称为质量屋的屋顶。根据影响程度的大小,一般用不同的符号或数值来描述相关(正相关和负相关)的强弱程度。

6. 技术评估

技术评估是指确定与产品质量特性对应的工程技术措施指标及其重要度并评估其竞争性。前者位于与质量屋天花板对应的地板位置上，后者位于质量屋里的地下室。技术评估一般是在比较同行业产品质量特性的基础上，对各项工程技术措施指标的重要程度进行评估、排队，找出其中的关键项。关键项是指：若该项工程技术措施要求得不到保证，将可能否满足顾客需求产生重大消极影响；该项工程技术措施要求对整个产品特性具有重要影响；是关键的技术，或是质量保证的薄弱环节等。对确定为关键的技术要求，要采取有效措施，加大质量管理力度，重点予以关注和保证。

四、质量功能展开的量化方法

为了建立质量屋，必须首先收集顾客需求信息。而顾客的需求往往比较笼统、定性和朴素，有些意见可能有局限性。另外随着时间的推移、社会的发展和环境的变化，顾客需求也是不断变化的，因此，应当尽可能完整地、及时地收集第一手市场信息。在此基础上，对这些原始信息进行归纳、加工和提炼，形成有系统的、有层次的、有条理的、有前瞻性的顾客需求。

1. 顾客需求重要度

确认顾客需求重要度是产品改进和开发的重要依据，因此在对顾客需求重要度的调研和分析的基础上，可对其取五个等级 $K_i(i=1,2,3,\cdots,m)$，依次为：

1：不影响功能实现的需求；

2：不影响主要功能实现的需求；

3：比较重要的影响功能实现的需求；

4：重要的影响功能实现的需求；

5：涉及安全的、特别重要的影响功能实现的需求。

2. 关系矩阵

所谓关系矩阵是指顾客需求与对应的工程措施之间所建立的矩阵关系，该关系矩阵的建立是确定关键工程措施的重要基础。为此对顾客需求与对应的工程措施之间进行量化打分，彼此之间关系程度的强弱一般采取 1、3、5、7、9 五个关系等级（或三个关系等级）：

1：对应的工程技术措施与顾客需求有微弱影响；

3：对应的工程技术措施与顾客需求有一定影响；

5：对应的工程技术措施与顾客需求有比较密切的影响；

7：对应的工程技术措施与顾客需求有密切的影响；

9：对应的工程技术措施与顾客需求有非常密切的影响。

必要时，也可采取中间等级（2、4、6、8）。

空白即为 0,表示不存在关系。

3. 加权后工程技术措施的重要度

如果某项工程措施与多项顾客需求密切相关,并且这些顾客需求较重要(K_i 较大),则以顾客需求的重要度作为加权系数,通过分别计算每项工程措施与全部顾客需求的加权关系度之和并进行比较,加权关系度之和大的那些工程措施就表明该项措施较重要,即为关键措施。其计算公式为

$$h_i = \sum_{i=1}^{m} K_i r_{ij} \quad (i = 1,2,3,\cdots,m) \tag{5.1}$$

4. 市场竞争能力指数

通过对竞争对手与本企业的现状进行分析,并根据顾客需求的重要程度以及对技术需求的影响程度等,确定对每项顾客需求是否要进行技术改进以及改进目标。

市场竞争能力 $M_i(i=1,2,3,\cdots,m)$ 可取下列五个数值:

1:无竞争能力,产品积压,无销路;

2:竞争能力低下,市场占有份额递减;

3:可以进入市场,但并不拥有优势;

4:在国内市场竞争中拥有优势;

5:在国内市场竞争中拥有优势,可以参与国际市场竞争,占有一定的国际市场份额。

对市场竞争能力 $M_i(i=1,2,3,\cdots,m)$ 进行综合后,获得产品的市场竞争能力指数为

$$M = \sum_{i=1}^{m} K_i M_i / \left(5 \sum_{i=1}^{m} K_i\right) \tag{5.2}$$

M 值越大,市场竞争能力越强。

5. 技术竞争能力指数

通过与相关企业状况的比较,评估本企业所提出的质量需求的现有技术水平,利用竞争分析的结果和关系矩阵中的信息,计算各项质量需求的重要程度,以便作为制定质量需求具体技术指标或参数的依据。

技术竞争能力 $T_j(j=1,2,3,\cdots,m)$ 表示第 j 项工程技术措施的技术水平。所谓技术水平包括指标本身的水平、本组织的设计水平、工艺水平、制造水平、测试水平等,可取下列五个数值:

1:技术水平低下;

2:技术水平一般;

3:技术水平达到行业先进水平;

4:技术水平达到国内先进水平;

5:技术水平达到国际先进水平。

对技术竞争能力 $T_j(j=1,2,\cdots,n)$ 进行综合后，获得产品的技术竞争能力指数 T 为

$$T = \sum_{j=1}^{m} h_j T_j / (5 \sum_{j=1}^{n} h_j) \tag{5.3}$$

T 越大，技术竞争能力越强。

五、质量功能展开的应用

下面结合实例来说明质量功能展开的具体应用。

【例1】 防盗报警系统是用物理方法或电子技术，自动探测发生在布防监测区域内的违法行为，产生报警信号，并提示值班人员发生报警的区域部位，显示可能采取对策的系统。防盗报警系统是预防抢劫、盗窃等意外事件的重要设施。随着社会的进步和人们法律意识的提高，对防盗报警系统的质量要求也越来越高。某企业生产的防盗报警系统与国内同类企业在质量上还有一定差距。为此，采用质量功能展开的方法进行防盗报警系统开发设计。

1. 顾客需求

经过充分调研，顾客对防盗报警系统的主要质量要求有：报警及时、故障率低、发现故障快、维修便捷、寿命长、尽量少维护、节省消耗、美观大方、价格低廉。将这九个方面整理后，作为顾客需求填入质量屋中，如图5.4所示。

顾客需求虽然很多，但不一定同等重要。为此，需要确定每一项需求的权重，以反映该项质量需求的重要度。通过专家评分或项目团队头脑风暴法来确定权重，填入汇总表相应位置。

2. 产品规划

首先将顾客需求转换为产品质量特性。经综合分析，防盗报警系统的产品质量特性包括反映时间、故障率、使用寿命、BIT（每秒传送的比特位）、维修性、预防性维修、保障性、消耗费用、成本、美学功能。这十项要求没有层次上的类属关系，作为同级质量要求并列填入质量屋中。在此基础上经过技术评估得到十项对应顾客需求的工程技术措施、重要度，分别列入质量屋的相应位置。然后按上面介绍的量化方法进行市场竞争能力评估和技术竞争能力评估，将打分的结果分别列入质量屋的相应位置。最后分别计算每项工程技术措施与全部顾客需求的加权关系度之和，通过比较得出开发优质防盗报警系统的关键措施。如图5.4所示，通过质量屋的建立，确定了故障率、BIT、维修性为关键措施。

3. 零件规划、工艺规划和质量控制规划

零件规划、工艺规划同样要绘制质量屋，只是比产品规划质量屋要相对简单一些。零件规划、工艺规划分别将产品质量特性与零件的质量特性、零件的质量特性与工艺特性联系起来。这些质量屋的展开过程与产品规划阶段基本相同，质量控制规划随产品的不同和企业的不同而有较大差异,没有统一的规范要求。

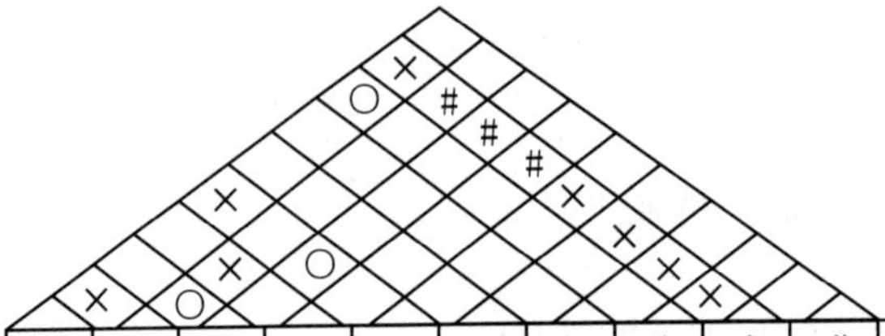

		反应时间	故障率	使用寿命	BIT	维修性	预防性维修	保障性	消耗费用	成本	美学功能	本企业产品	本企业新产品	企业A产品	企业B产品
1	报警及时	5	9	3		9	3		1			3	5	2	4
2	故障率低	5		9								3	4	4	3
3	发现故障快	4		3		9						4	4	4	3
4	维修便捷	4		3		9						4	5	4	5
5	寿命长	4		1	9							3	3	3	3
6	尽量少的维护	3										4	4	4	4
7	节省消耗	3						3		9		3	3	3	3
8	美观大方	3						3			9	4	4	4	4
9	价格低廉	2	3	3	3	3	3	1	3	9	1	3.43	4.26	3.37	3.66 市场竞争能力指数M
			≤30 s	MBFT≥2 500 h	≥3 年	故障检测率99.5%	MBTTR≤520 m	10 m/(次·年)	在有点城市≤2 h	功率10 W	≤3 500	专家评定OK			
工程措施重要度			57	101	57	93	63	22	7	27	36	22			
技术竞争能力	本企业产品		3	3	4	3	4	3	4	4	4	3	2.26	技术竞争能力指数T	
	本企业新产品		5	4	5	4	3	3	4	4	4	5	4.31		
	企业A产品		4	4	4	3	3	3	3	4	3	4	3.46		
	企业B产品		4	3	5	3	4	3	4	4	4	3	3.49		

图 5.4 开发优质防盗报警系统的质量屋
◎表示强正相关 ○表示弱正相关 空白表示不相关
×表示弱负相关 #表示强负相关

第二节 试验设计

一、概述

1. 什么是试验设计

试验是人们探索和认识事物客观规律的一种基本手段和方法。但试验安排是否适当和科学,结果将差别很大。如何以尽可能少的试验次数获取足够的数据,并分析得出比较可靠的结论,这就是试验设计所要研究和解决的问题。所以试验设计是以概率论、数理统计和线性代数等为理论基础,科学地安排和实施试验方案,正确分析试验结果,尽快获得优化方案的一种系统的理论和方法。

试验设计的目的就是通过试验来了解因素和指标(响应)之间的关系,找出最佳关键影响因素,从而增加产量、提高质量、降低成本、缩短研究时间等。

在六西格玛管理中,许多情况下需要建立输入与输出之间的数学模型,需要在众多的影响因素中找出关键输入变量,这些都是要通过试验设计来完成的。因此试验设计是六西格玛管理的重要工具。

2. 试验设计的发展

试验设计技术最早由英国人提出并首先应用于当时的农业试验,用以考察各种肥料及施肥量对农作物产量的影响,并建立了试验设计最初的数学模型。后来,这种技术被应用于生物学、遗传学等领域。基于工农业生产实际的需要,20世纪30年代以来,越来越多的人投入到试验设计的研究中,以期达到优质、高产、低消耗。特别是新产品试验,未知的东西很多,要通过试验来摸索最佳工艺条件和配方。

在质量管理和产品开发等过程中,经常会遇到多因素、有干扰、周期长等试验中的具体问题,因此,希望通过试验解决以下几个问题:

(1) 对质量目标的影响,哪些是重要因素?哪些是次要因素?哪些是干扰因素?这些因素间有没有交互作用?

(2) 每个因素取什么水平为好?

(3) 各个因素按什么样的水平搭配能使指标较好?

上述几个问题的归属就是如何合理地安排试验并以较少的试验次数达到试验目的。为了解决上述问题,20世纪70年代,日本质量管理专家田口玄一创立了一种新颖、有效、科学的质量工程设计方法。该方法以其试验次数少、投入低、效率高等特点成为质量工程的重要工具之一,后来该方法被称为田口方法。田口方法有两个重要工具——正交试验设计和健壮性设计。20世纪70年代后田口方法被逐步应用到世界各地。本节重点介绍正交试验设计,由于健壮性设计涉及方差分析,故在第三节介绍方差分析后,第四节介绍健壮性设计。

3. 试验设计方法的类型

按影响因素分:单因素试验设计、双因素试验设计、多因素试验设计。

按试验方法分:正交试验设计、均匀试验设计、三次试验设计、回归试验设计。

二、正交试验设计

1. 正交试验设计的基本概念

正交试验设计是利用正交表来安排与分析多因素试验的一种设计方法。它是在由试验因素的全部水平组合中,挑选部分有代表性的水平组合进行少数次试验,通过对这部分试验结果的分析,确定因素主次顺序,找出最优的水平组合。

理论和实践都已证明,正交试验设计方法简单、易于掌握,越是因素多、水平多,越能显示出它的优越性,在科学试验、确定生产工艺、分析影响质量问题的主要原因等方面得到广泛的应用,是一种解决多因素试验问题的卓有成效的方法。其突出特点是:

① 试验点代表性强,试验次数少。
② 不需做重复试验,就可以估计试验误差。
③ 可以分清因素的主次。
④ 可以使用数理统计的方法处理试验结果,提出展望和条件。

2. 正交试验设计的基本术语

(1) 指标

根据试验目的所选定的用来衡量试验结果的特性量,称为指标,如力学性能、物理性能、化学性能、特殊性能等。另外指标还分为定量指标和定性指标,尺寸、成分、合格率等为定量指标;颜色、光泽、口感等为定性指标。

(2) 因素

对试验指标可能有影响的原因,也称因子。试验中可进行人为调节和控制的因子称为可控因子,如温度、时间、压力、成分等。由于技术限制暂时还不能人为地加以调控的因子称为不可控因子,如机床的振动、刀具磨损等。在正交试验中如无特殊规定所考察的因子都是可控因子,一般用 $A,B,C,\cdots$ 表示。在试验中只考察一个因素对试验结果的影响的试验称为单因素试验。若同时考察两个及两个以上因素对试验结果的影响的试验称为多因素试验。

(3) 因素(因子)水平

因素变化的各种状态,也称位级。某个因素在试验中需要考察 t 种状态,则称该因素是 t 水平因子。水平用阿拉伯数字表示,通常以 $A_1,A_2,\cdots,A_t,B_1,B_2,\cdots,B_t$ 等表示。例如试验中需要考察的温度因子 A 有:50 ℃,80 ℃,100 ℃分别为 A_1,A_2,A_3。

(4) 交互作用

在多因素试验中一个因素对试验结果的影响依赖于另一因素所取的水平时,称两因素有交互作用。在多因素对比试验中,某些因素对指标的影响往往是互相制约、互相促进的。即在试验中不仅因素起作用,而且因素间有时联合起来起作用,这种联合作用并不等于各因素单独作用所产生的影响之和,称这种联合作用为交互作用。因此,在某些设计中就应考虑因素间交互作用的问题。

(5) 考核指标

在试验设计中,考核指标是根据试验目的而选定衡量试验结果的量值,指标可以是定量的,也可以是定性的。各种力学性能、体积、重量、成本、寿命等为定量指标;颜色的深浅、口味的轻重等为定性指标。

考核指标只有一个的称为单指标试验设计,考核指标有两个及两个以上的称为多指标试验设计。

3. 正交试验设计的基本步骤

① 明确试验目的,确定试验指标。

② 挑选因素,确定水平,列出因素水平表。

试验因素以 3~7 个为宜。确定因素的水平数时,重要因素可多取一些水平;各水平的数值应适当拉开。

③ 选正交表,进行表头设计。

一般要求因素水平数与正交表对应的水平数一致,因素个数小于或等于正交表的列数。在满足上述条件的前提下,选择较小的表。

④ 明确试验方案,进行试验,得到试验结果。

⑤ 对试验结果进行统计分析。

⑥ 进行验证实验,做进一步分析。

4. 正交表

(1) 正交表的符号

正交表是正交试验设计法的基本工具,它是应用组合数学理论在正交拉丁方的基础上构成的一种标准化的表格,表 5.1 和表 5.2 分别是正交表 $L_4(2)^3$ 和 $L_8(4^1 \times 2^4)$ 组合排列形式。

表 5.1 正交表 $L_4(2)^3$

试验号\列号	1	2	3
试验 1	1	1	1
试验 2	2	1	2
试验 3	1	2	2
试验 4	2	2	1

表 5.2 正交表 $L_8(4^1 \times 2^4)$

试验号\列号	1	2	3	4	5
试验 1	1	1	2	2	1
试验 2	3	2	2	1	1
试验 3	2	2	2	2	2
试验 4	4	1	2	1	2
试验 5	1	2	1	1	2
试验 6	3	1	1	2	2
试验 7	2	1	1	1	1
试验 8	4	2	1	2	1

正交表的符号是 $L_n(m)^k$，其字母所代表的意义如图 5.5 所示。

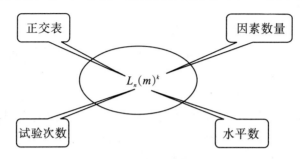

图 5.5　正交表符号意义

正交表有以下两种类型：

① 同水平正交表。每个因子取相同水平的正交表。如 $L_4(2)^3$，$L_8(2)^7$，$L_{12}(2)^{11}$ 等各列中的水平为 2，称为 2 水平正交表；$L_9(3)^4$，$L_{27}(3)^{13}$ 等各列中的水平为 3，称为 3 水平正交表。再如 $L_9(3)^4$，$L_{16}(4)^5$ 等都属于同水平正交表。

【例 2】 某工厂生产的一零件镗孔质量不稳定，经常出现内径偏差较大的质量问题，运用正交试验法探讨镗孔工序加工质量较优的工艺条件。

本试验考察的指标是孔内径偏差量，该值要求越小越好。根据专业知识和实践经验，选择因子和水平如表 5.3 所示。

表 5.3　因子水平表

水平 \ 因素	切削速度 A (m/s)	刀具数量 B (把)	刀具种类 C	走刀量 D (mm)
1	30	2	1 型	0.70
2	38	3	2 型	0.60
3	56	4	常规	0.47

将各因素水平代入正交表 $L_9(3)^4$ 即可得到如表 5.4 所示的试验方案。

表 5.4　镗孔工序加工工艺的试验方案

试验号 \ 列号	刀具数量 B (把)	切削速度 A (m/s)	刀具种类 C	走刀量 D (mm)	偏差量 ΔL (mm)
试验 1	1(2)	1(30)	3(常规)	2(0.60)	
试验 2	1	2(38)	1(1 型)	1(0.70)	
试验 3	1	3(56)	2(2 型)	3(0.47)	
试验 4	2(3)	1	2	1	
试验 5	2	2	3	3	

续表

试验号\列号	刀具数量 B（把）	切削速度 A（m/s）	刀具种类 C	走刀量 D（mm）	偏差量 ΔL（mm）
试验6	2	3	1	2	
试验7	3(4)	1	1	3	
试验8	3	2	2	2	
试验9	3	3	3	1	

② 混合水平正交表。每个因子取不同水平数的正交表。如 $L_8(4^1×2^4)$ 表中有1列的水平为4，有4列的水平为2，也就是说该表可以安排1个4水平因素和4个2水平因素。再如 $L_{16}(4^4×2^3)$，$L_{16}(4^4×2^{12})$ 等都属于混合水平正交表。

【例3】 某工厂生产的一零件淬火硬度偏低，为改善工艺提高硬度，现对这种零件的热处理工艺进行正交试验。

本试验考察的指标是淬火硬度（HRC），要求越大越好，根据专业知识和实践经验，选择因子和水平如表5.5所示。

表5.5 因子水平表

水平\因素	材料成分 A	淬火时间 B（h）	淬火温度 C（℃）	淬火介质配比 D
1	25	2	960	90%
2	17	3	1 050	95%
3	18			
4	20			

将各因素水平代入正交表 $L_8(4^1×2^4)$ 即可得到如表5.6所示的试验方案。

表5.6 零件淬火工艺的试验方案

试验号\列号	材料成分 A	淬火时间 B（h）	淬火温度 C（℃）	淬火介质配比 D	淬火硬度 HRC
试验1	1(25)	1(2)	1(960)	1(90%)	
试验2	1(25)	2(3)	2(1 050)	2(95%)	
试验3	2(17)	1(2)	1(960)	2(95%)	
试验4	2(17)	2(3)	2(1 050)	1(90%)	
试验5	3(18)	1(2)	1(960)	2(95%)	
试验6	3(18)	2(3)	2(1 050)	1(90%)	
试验7	4(20)	1(2)	1(960)	1(90%)	
试验8	4(20)	2(3)	2(1 050)	2(95%)	

（2）正交表的结构和性质

下面举例来说明正交表的结构和性质，表 5.7 是一张正交表 $L_9(3)^4$。

表 5.7　正交表 $L_9(3)^4$

列号 试验号	因素 1	因素 2	因素 3	因素 4
试验 1	1	1	1	1
试验 2	1	2	2	2
试验 3	1	3	3	3
试验 4	2	1	2	3
试验 5	2	2	3	1
试验 6	2	3	1	2
试验 7	3	1	3	2
试验 8	3	2	1	3
试验 9	3	3	2	1

$L_9(3)^4$ 正交表表示这张表最多可安排 4 个因素，每个因素取 3 个水平的试验，共需要进行 9 个试验。表中每一列的数字代表试验所挑选因素的水平符号；每一行的水平组合代表一个试验条件。从这张表上可以看出正交表的两个重要性质：

① 整齐可比性。任意一列中，每个水平出现的次数相同，即水平 1,2,3 出现的次数相同。

② 均衡搭配性。任意两列同行上水平组合的有序数对出现的次数相同，即 11,12,13,21,22,23,31,32,33 出现的次数相同。

（3）正交表的几何解释

正交表的两个重要性质使得正交试验具有试验次数少、效率高、效果好的显著优点，正是利用这两个性质在既不遗漏也不重复的前提下使正交试验能省去大量不必要的试验而能迅速找到最好的或接近最好的试验条件。下面对表 5.7 所示正交表 $L_9(3)^4$ 做几何解释。

如图 5.6 所示，取三因素三水平，通常有两种试验方法：

① 全面试验法。三因素三水平的全面搭配共有 27 种组合，这样，共需要做 $3^3=27$ 次试验，如图 5.6 所示，立方体包含了 27 个节点，分别表示 27 次试验。

② 正交试验法。三因素三水平的正交试验共有 9 种组合，即 $A_1B_1C_1$，$A_1B_2C_2$，$A_1B_3C_3$，$A_2B_1C_2$，$A_2B_2C_3$，$A_2B_3C_1$，$A_3B_1C_3$，$A_3B_2C_1$，$A_3B_3C_2$。

如图 5.6 所示，正交试验所挑选的 9 个试验点均匀分布在立方体内，在立方体的每个平面上都恰有 3 个试验点，在立方体的每条线上也恰有 1 个试验点，这充分体现了试验点的"均衡搭配性"。由于每一个点都有很强的代表性，能够比较全面地反映试验区域的大致情况。因此试验中的好点,即使不是全面试验中的最好点,也是相当好的点,通过随试验结果分析得到的较优的生产条件也就理所应当是全面试验中较优的生产条件。

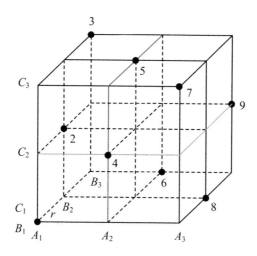

图 5.6 正交表的几何解释

另外,当因子 A 取水平 A_1 时,因子 B 和 C 的三个水平都取到了,当因子 A 取水平 A_2,A_3 时亦然。说明因子 A 变化时,因子 B 和 C 的影响相互抵消。因而 A_1 与 A_2,A_3 三水平试验结果的差异,主要是由于因子 A 不同水平引起的。对因子 B 和 C 可进行类似推断。这样,即可直接比较各因子的极差来确定主次顺序,根据每个因子各水平的效应值确定各水平的优劣,体现了试验数据的"整齐可比性"。

同理,对于 4 因子 3 水平的试验,所有可能的全面搭配要做 $3^4=81$ 次,而用正交表仅需做 9 次。6 因子 5 水平的试验,要做 $5^6=15\,625$ 次试验,非常困难,而用正交表 $L_{25}(5)^6$ 仅需做 25 次试验,减少了 15 600 次。

从总体上说,正交试验只是从所有可能的搭配试验中做了部分试验,但由于上述两个性质,对于任意两个因素是全面搭配试验,因此这样仍有可能进行分析比较。

5. 正交试验设计及其直观分析

(1) 单指标正交试验设计及分析

【例 4】 某弹簧厂生产的弹簧因回火后弹性差,硬度偏高,每炉要有 15% 左右的弹簧需要回炉。拟通过正交试验设计探讨提高弹簧弹性较优的回火工艺条件。

① 确定试验目的。本试验考察的指标是弹簧回火后的弹性,该值要求越大越好。

② 确定试验因素和水平。通过分析确定三个因素:回炉温度(A)、保温时间(B)、工件重量(C),因素水平确定如表 5.8 所示。

表 5.8 因子水平表

水平 \ 因素	$A(℃)$	$B(h)$	$C(kg)$
1	440	3	15
2	460	4	18
3	500	5	21

③ 选择正交表与表头设计。根据因素和水平,可选用 $L_9(3)^4$ 表头设计,如表 5.9 所示。

表 5.9 表头设计

列号	1	2	3	4
因素	A	B	C	

④ 确定试验方案。把设计好的表头及各因素的水平填写到正交表中,如表 5.10 所示。

表 5.10 试验方案

试验号 \ 列号	回炉温度 A (℃)	保温时间 B (h)	工件重量 C (kg)
试验 1	1(440)	1(3)	1(15)
试验 2	1	2(4)	2(18)
试验 3	1	3(5)	3(21)
试验 4	2(460)	1	2
试验 5	2	2	3
试验 6	2	3	1
试验 7	3(500)	1	3
试验 8	3	2	1
试验 9	3	3	2

注:其中 1 号试验条件为回炉温度 440 ℃、保温时间 3 h、工件重量 15 kg。

⑤ 进行试验。

⑥ 试验结果分析,如表 5.11 所示。

表 5.11 试验方案及结果

因子 试验号	A	B	C	弹性
试验 1	1(440)	1(3)	1(15)	377
试验 2	1	2(4)	2(18)	391
试验 3	1	3(5)	3(21)	362
试验 4	2(460)	1	2	350
试验 5	2	2	3	330
试验 6	2	3	1	320
试验 7	3(500)	1	3	326
试验 8	3	2	1	302
试验 9	3	3	2	318
K_1	$K_{A_1}=377+391+362$ $=1\,130$	$K_{B_1}=377+350+326$ $=1\,053$	$K_{C_1}=377+320+302$ $=999$	
K_2	$K_{A_2}=350+330+320$ $=1\,000$	$K_{B_2}=391+330+302$ $=1\,023$	$K_{C_2}=391+350+318$ $=1\,059$	
K_3	$K_{A_3}=326+302+318$ $=946$	$K_{B_3}=362+320+318$ $=1\,000$	$K_{C_3}=362+330+326$ $=1\,018$	$T=3\,026$
$\overline{K}_1$	$\overline{K}_{A_1}=377$	$\overline{K}_{B_1}=351$	$\overline{K}_{C_1}=333$	
$\overline{K}_2$	$\overline{K}_{A_2}=333$	$\overline{K}_{B_2}=341$	$\overline{K}_{C_2}=353$	
$\overline{K}_3$	$\overline{K}_{A_3}=315$	$\overline{K}_{B_3}=333$	$\overline{K}_{C_3}=339$	
极差	$R_A=62$	$R_B=18$	$R_C=20$	

表中 $K_{A_1}=1\,130$ 表示 A 因素 1 水平的三次试验的数据和,三次试验中 B,C 两个因素的 1,2,3 水平各出现一次,因此,反映 A_1 水平的影响和 B,C 每个因素的 1,2,3 水平各一次的影响。同理,$K_{A_2}=1\,000$ 反映三次 A_2 水平的影响和 B,C 每个因素的 1,2,3 水平各一次的影响,依此类推。

从已做的 9 次试验中看,第 2 号试验结果最好,此时的试验条件为 $A_1B_2C_2$。这个条件称为"看一看"好条件。

但这是否是 $3^3=27$ 次试验中最好的一次呢?还需通过进一步的计算和分析。下面进行极差分析。

为便于观察,根据表 5.11 所示的有关数据,现以因子的水平为横坐标,以同水平的全部偏差平方和(即 K 值)为纵坐标,绘出如图 5.7 所示的因子-指标关系图

(趋势图)。

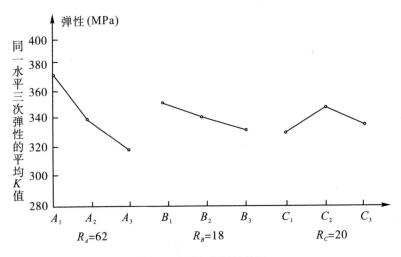

图 5.7 因子-指标趋势图

由表 5.11 和图 5.7 可以看出,因子 A 取水平 1 时弹性最大,因子 B 取水平 1 时弹性最大,因子 C 取水平 2 时弹性最大。因此可确定最优水平组合为 $A_1B_1C_2$。这个条件称为"算一算"好条件。

正如本例中出现的,在许多情况下,"算一算"好条件并未出现在 9 次试验中。为了考察较优生产条件的再现性,同时也为了比较"算一算"好条件的试验结果与"看一看"好条件的试验结果的优劣,需要做验证试验,然后根据试验结果从中选择较优的生产条件。

极差 R 的大小可用于衡量试验中各因子作用的大小。R 值越大意味着该因子对指标的影响越大,在趋势图上表现为该因子各水平点分散程度大,即上升或下降的幅度大,R 值越小则得出相反的结论。

由表 5.11 及图 5.7 中极差 R 值得知,各个因子对指标影响的主次顺序为 A,C,B。

(2) 因素间有交互作用的正交试验设计及分析

在多因子试验中,除了单个因子对指标有影响外,有时因子之间不同水平的搭配对指标也会产生影响。这种联合搭配作用称为因子间的交互作用。

因子对试验的总效果是由每一个因子对试验的单独作用加上各因子间的交互作用共同决定的。

【例 5】 观察农业施肥效果。分别用四块大豆田做以下试验:(1) 不施肥;(2) 只施氮肥;(3) 只施磷肥;(4) 施氮肥和磷肥。考察每块大豆田的亩产量(kg)。表 5.12 是选取的因子水平表。

表 5.12　因子水平表

水平 \ 因子	氮肥 N(kg)	磷肥 P(kg)
1	0	0
2	3	2

为便于分析,将 N,P 两因子搭配情况及试验结果列于表 5.13 中。

表 5.13　两因子搭配情况及试验结果　(单位:kg)

N \ P	$P_1=0$	$P_2=2$
$N_1=0$	200	225
$N_2=3$	215	280

从试验结果看,不施肥产量为 200 kg;只施氮肥产量为 215 kg,比不施肥增产 15 kg;只施磷肥产量为 225 kg,比不施肥增产 25 kg;同时施氮肥和磷肥产量为 280 kg,比不施肥增产 80 kg,而不是 15 kg＋25 kg＝40 kg。

试验结果表明:除了 N 和 P 各自对增产起作用外,它们的相互搭配作用——N 和 P 的交互作用也对增产产生了影响。

在正交试验设计中,要把两因子间的交互作用视为一个因子,与其他因子一样排在正交表直列中。交互作用不是具体的因子,是因子间的联合搭配作用,不存在水平差异。交互作用所占的列,不作为试验参数起作用,但对指标有影响,分析试验结果时同样通过计算此列的极差来反映交互作用的大小。

交互作用在正交表中所在列的位置不是任意确定的,而要由该正交表的交互作用列表来确定,这是有交互作用正交试验设计的一个重要特点,也是关键的一步。以正交表 $L_8(2)^3$ 为例,在该正交表上安排三个因子 A,C,B,假设三个因子有交互作用,即有 $A\times B,A\times C,B\times C$。表 5.14 为正交表 $L_8(2)^3$ 两列间交互作用列表。

表 5.14　正交表 $L_8(2)^3$ 两列间交互作用列表

列号	1	2	3	4	5	6	7
	(1)	3	2	5	4	7	6
		(2)	1	6	7	4	5
			(3)	7	6	5	4
				(4)	1	2	3
					(5)	3	2
						(6)	1
							(7)

表中最上面的一行和括号内的数字都是因子所在的列,其余的数字均为交互作用所在的列号。把需要试验的各因素的各水平列入正交表内一定列,得到试验设计表的过程:考虑交互作用的因素 A 和 B,将 A 放在第 1 列,B 放在第 2 列。如需要查找第 1 列和第 2 列的交互作用列,则从(1)横向右看,从(2)竖向上看,它们的交叉点为 3,第 3 列就是 1 列与 2 列的交互作用列。第 3 列因需要反映它们的交互作用 $A \times B$,就不能在第 3 列安排 C 因素或者其他因素,这称为不能混杂(一列安排多个因素或交互作用)。考虑要照顾到交互作用的因素 C,将 C 放在第 4 列,按照上述查找方法,此时 $A \times C$ 的交互作用占第 5 列,$B \times C$ 的交互作用占第 6 列,第 7 列为空。在分析试验结果时,可把 $A \times B$,$A \times C$,$B \times C$ 看成一个独立的因子,同样计算它们的极差,极差的大小反映交互的大小。根据表 5.14 查出的列号安排试验,试验方案如表 5.15 所示。

表 5.15 $L_8(2)^3$ 两列间交互作用试验方案

表头设计 试验号	列号	A 1	B 2	A×B 3	C 4	A×C 5	B×C 6	7	指标 x_i
试验 1		1	1	1	1	1	1	1	x_1
试验 2		1	1	1	2	2	2	2	x_2
试验 3		1	2	2	1	1	2	2	x_3
试验 4		1	2	2	2	2	1	1	x_4
试验 5		2	1	2	1	2	1	2	x_5
试验 6		2	1	2	2	1	2	1	x_6
试验 7		2	2	1	1	2	2	1	x_7
试验 8		2	2	1	2	1	1	2	x_8

根据表 5.15 计算出因子 A 与因子 B 的交互作用,得表 5.16。

表 5.16 试验搭配的结果

B \ A	A_1	A_2
B_1	$\dfrac{x_1+x_2}{2}$	$\dfrac{x_5+x_6}{2}$
B_2	$\dfrac{x_3+x_4}{2}$	$\dfrac{x_7+x_8}{2}$

【例 6】 在梳棉机上纺粘棉混纺纱,为了提高产品质量,减少棉结粒数,选了三个因素,每个因素取二水平,三个因素之间可能有交互作用,因素水平表如表 5.17 所示。

表 5.17 水平因素表

水平 \ 因素	金属针布 A	产量水平 B (kg)	锡林速度 C (r/min)
1	进口	6	238
2	国产	10	320

方案设计及试验结果如表 5.18 所示。

表 5.18 方案设计及试验结果

	A 1	B 2	$A\times B$ 3	C 4	$A\times C$ 5	$B\times C$ 6	7	棉结粒数 x_i	$x_i'=100(x_i-0.03)$
1	1	1	1	1	1	1	1	0.3	0
2	1	1	1	2	2	2	2	0.35	5
3	1	2	2	1	1	2	2	0.2	−10
4	1	2	2	2	2	1	1	0.3	0
5	2	1	2	1	2	1	2	0.15	−15
6	2	1	2	2	1	2	1	0.5	20
7	2	2	1	1	2	2	1	0.15	−15
8	2	2	1	2	1	1	2	0.4	10
K_1	−5	10	0	−40	20	−5			
K_2	0	−15	−5	35	−25	0		2.35	−5
R	5	25	5	75	45	5			

根据试验结果即可确定因素及它们之间的交互作用的主次顺序及最佳工艺条件。

主次顺序为 $C,A\times C,B,A,A\times B,B\times C$。

确定最佳工艺条件的原则是：首先，优先考虑主要因素，其次，若因素的交互作用的影响很显著，则不管因素本身的影响是否显著，都要从交互作用的角度去选择工艺条件。由此，先来选 A 与 C 的工艺条件，$A\times C$ 共有四种搭配：$A_1\times C_1$，$A_1\times C_2$，$A_2\times C_1$，$A_2\times C_2$。而且每种搭配都做了两次试验，将各种试验搭配的结果列于表5.19 中。

表 5.19 试验搭配的结果

	A_1	A_2
C_1	−10	−30
C_2	5	30

由表中可知 A_2C_1 搭配最好。B 因素由计算所得的 K 值可知 B_2 较 B_1 好。

所以最佳的工艺条件为 $A_2B_2C_1$，它恰好是第 7 号试验结果。它是 8 次试验结果中最好的。另外，第 5 号试验结果与第 7 号试验结果一样好，其中，A_2C_1 与第 7 号一样，而 B 为 B_1，故可推断 B 因素处于相对次要的位置。

第三节 方 差 分 析

一、概述

在进行各类试验中，由于试验条件的改变或各种随机干扰因素的影响，使得试验结果的数据存在着波动性，即试验数据的波动不仅与试验条件的改变有关，而且还包括试验误差的影响。我们把因试验条件的不同引起的不同组之间的结果差异叫条件误差；把试验中随机因素变化引起的同一组内的结果差异叫试验误差。试验结果的总变差是条件误差与试验误差之和。因此，在做完一组试验之后，不能简单地下结论，而应把各种随机因素所引起的数据波动和因试验条件改变所引起的数据波动加以区分，然后才能判断。方差分析就是分析、处理试验数据的一种方法，其主要任务是通过对数据的分析处理，分清各试验条件以及它们所处的状态对试验结果的影响，具体地就是通过比较因素（条件误差）的方差和试验误差的方差，来检验因素（条件误差）对试验指标的影响是否显著。若两者的比值不显著，则说明条件对试验结果影响不大；反之，则说明条件对试验结果影响较大。

正交试验设计的极差分析法虽然简单直观，但不能估计试验过程中以及试验结果测定中必然存在的误差的大小，因而不能真正区分某因素各水平所对应的试验结果间的差异，究竟是由水平改变引起的，还是由试验误差引起的，而且对影响试验结果的各因子的重要程度不能进行精确的定量估计。因而极差分析法所分析的结论比较粗糙一些。利用方差分析能够弥补其不足，它把总变差分为条件误差和试验误差，再加以比较，得出因子对指标的影响是否显著的结论。如果两者的比值不显著，则说明条件对试验结果影响不大；反之，则说明条件对试验结果有影响。所以，在六西格玛管理中，方差分析是一个重要的数据工具。

二、单因素试验的方差分析

【例 7】 有四种不同厂家生产的同类产品，分别从中取出 6 个样品，做 300 小时的连续磨损老化试验,得到磨损量数据如表 5.20 所示。

表 5.20 样品的磨损量

A 水平	试验数据						磨损总量和	均　值
A_1(国外)	12	14	15	13	16	12	82	13.7
A_2(本厂)	20	18	19	17	15	16	105	17.5
A_3(国内甲)	26	19	26	28	23	25	147	24.5
A_4(国内乙)	24	25	18	22	27	25	141	23.5

现进行极差分析,$R_1=16-12=4$,且均值最小,A_1 最好,$R_3=28-19=9$,且均值最大,A_3 最差。

若对本厂产品再抽查 6 个,得到平均磨损量是 20.0,如何解释与 17.5 的差异原因?

事实上,除了品种以外还有一些未加考察的其他因素(统称为试验误差)对磨损量的影响。由此看来,极差分析的局限在于不能合理区别可控因素(条件误差)和试验误差对试验指标的影响。

【例 8】 在研究 7103 胶料的过程中,为考察生胶的黏度对胶料压缩变形有无显著影响进行了试验,试验结果如表 5.21 所示。

表 5.21 试验结果

压缩变形 \ 试验号 \ 黏度 A	139	142	147	150
试验 1	38.9	36.5	35.6	32.4
试验 2	33.3	35.9	34.1	31.6
试验 3	36.3	32.8	32.8	35.6
平均值	36.2	35.1	34.2	33.2

从试验结果看,在因子 A 的同一水平下,虽然试验条件没有改变,但所得的试验数据不完全一样,即压缩变形值不完全一样。这种现象是由于试验误差的存在使数据产生了波动。

现用同一水平下的各数据与该水平下数据的平均值之差的平方和来描述其波动,数据的波动值是

$$S_1 = (38.9-36.2)^2 + (33.3-36.2)^2 + (36.3-36.2)^2 = 15.71$$

式中,S_1 称为 A 的第一水平下偏差平方和。偏差平方和反映了一组数据的分散程度,S 越大,数据越分散,S 越小,数据越集中。同理,可求得因子 A 的第二、第三、

第四水平下的偏差平方和,即 $S_2=7.89, S_3=3.93, S_4=8.96$。

则因子 A 各水平下的偏差平方和相加,得

$$S_{误} = S_1 + S_2 + S_3 + S_4 = \sum_1^4 \sum_1^3 (xx_{ij} - \bar{x})^2$$
$$= 36.49 \quad (j=1,2,3; i=1,2,3,4)$$

式中,$S_{误}$ 称为误差的偏差平方和。$S_{误}$ 完全是由试验误差引起的,描述了试验误差在这组试验中引起的数据的总波动值。

另外,从试验结果中还可以看到,因子 A 的四个水平下的平均值也各不相同,这不仅与试验误差有关,更主要是由条件误差引起的。显然数据的总平均值

$$\bar{\bar{x}} = \frac{1}{4}\sum_{i=1}^{4} x_i = \frac{35.8+35.1+34.2+33.2}{4} = 34.6$$

则 A 因子各水平平均数之间的偏差平方和为

$$S_A = \sum_{i=1}^{4} 3(\bar{x}_i - \bar{\bar{x}})^2 = 11.43$$

式中,S_A 称为因子 A 的偏差平方和,描述了 A 水平不同引起的数据波动值。

可以证明,把误差的偏差平方和 $S_{误}$ 与因子 A 的偏差平方和 S_A 相加,即得到这组试验数据总的偏差平方和 $S_{总}$:

$$S_{总} = S_{误} + S_A = \sum_{i=1}^{4}\sum_{j=1}^{3}(x_{ij}-\bar{\bar{x}})^2 \quad (j=1,2,3; i=1,2,3,4) \quad (5.4)$$

式中,$S_{总}$ 表示所有数据围绕它们总平均值的波动。

当因子 A 各水平的试验次数都一样时,可以通过求算相关的偏差平方和来区分因子水平引起的波动与误差引起的波动,否则,要先消除数据个数不同的影响。

为此引入平均偏差平方和 S_A/f_A,$S_{误}/f_{误}$,其中,f_A,$f_{误}$ 分别表示偏差的平方和 S_A,$S_{误}$ 的自由度。与偏差平方和一样,自由度也可以分解为

$$f_{总} = f_A + f_{误} \quad (5.5)$$

而 $f_{总}=N-1$,N 为总试验次数,$f_A=A$ 的水平数-1,$f_{误}=f_{总}-f_A$。

考虑比值:

$$F_A = \frac{S_A/f_A}{S_{误}/f_{误}} = \frac{V_A}{V_{误}} \quad (5.6)$$

若 $F_A \approx 1$,则 $V_A \approx V_{误}$,说明因子 A 的水平的改变对指标的影响在误差范围内,即水平之间无明显差异。那么,当 F_A 多大时,才能表明因子 A 的改变对试验结果有显著影响呢?这可以根据给定的显著性水平 α 及自由度 f,查 F 分布临界值表(参见有关概率统计书籍),求得临界值 F_α,使 $P\{F>F_\alpha\}=\alpha$。

当 F_A 在一定的置信水平条件下满足 $F_A>F_\alpha$ 时,就有 $1-\alpha$ 的把握说明因子 A 对结果有影响,而大于的程度不同,影响的程度也不一样。

本例中

$$f_{总} = N - 1 = 12 - 1 = 11$$
$$f_A = A\text{ 的水平数} - 1 = 4 - 1 = 3$$
$$f_{误} = f_{总} - f_A = 11 - 3 = 8$$

设 $\alpha = 0.10$，查数理统计的有关表格得 $F_{0.10}(3,8) = 2.92$，则有

$$F_A = \frac{S_A/f_A}{S_{误}/f_{误}} = \frac{V_A}{V_{误}} = \frac{11.43/3}{32.83/8} = 1.08$$

由于

$$F_A = 1.08 < F_{0.10}(3.8) = 2.92$$

因此，有 90% 的把握说因子 A 的水平改变对结果的影响无显著差异。即生胶黏度水平的改变对压缩变形的影响无显著差异，试验结果所表现的差异主要是由试验误差引起的。

综上所述，方差分析的基本思路是：将试验数据的总波动分解为可控因素（条件误差）引起的波动和试验误差引起的波动，然后比较它们的平均波动。

构造方差比

$$F_A = \frac{S_A/f_A}{S_{误}/f_{误}} = \frac{V_A}{V_{误}}$$

建立 F 检验统计量 $F_\alpha(f_A, f_{误})$，比较 F_A 与 F_α 的大小，判定因素的影响是否显著。

常用的判断标准是：

$F_A > F_{0.01}$，因素的影响特别显著，记为 **；

$F_{0.05} < F_A \leq F_{0.01}$，因素的影响显著，记为 *；

$F_{0.10} < F_A \leq F_{0.05}$，因素有影响，记为（*）；

$F_{0.25} < F_A \leq F_{0.10}$，因素有一定影响，记为[*]；

$F_A \leq F_{0.25}$，因素无明显影响，不作记号。

三、多因素试验的方差分析

与单因素试验的情况一样，多因素试验其结果之间的差异同样是由于各因素水平的改变及试验误差的影响所引起的。方差分析的目的就是将试验误差引起的结果差异与试验条件的改变所引起的结果差异区分开来，以便检验各因素对结果的影响程度，并区分哪些是影响试验结果的主要因素，哪些是次要因素，从而重点研究几个主要影响因素。

下面结合前面的例子来介绍多因素试验的方差分析。

设有 n 个试验观测值 $x_1, x_2, \cdots, x_n$，则数据值的总和 T 与平均值 $\bar{x}$ 分别为

$$T = \sum_{i=1}^{n} x_i, \quad \bar{x} = \frac{T}{n} \tag{5.7}$$

试验结果的总偏差平方和 S_T 为各观测值 x_i 与平均值 $\bar{x}$ 之差的平方和，即

$$S_T = \sum_{i=1}^{n}(x_i - \bar{x})^2 = \sum(x_i^2 - 2x_i\bar{x} + \bar{x}^2)$$

$$= \sum_{i=1}^{n} x_i^2 - n\bar{x}^2 = \sum_{i=1}^{n} x_i^2 - \frac{(\sum\limits_{i=1}^{n} x_i)^2}{n} \tag{5.8}$$

令

$$Q_T = \sum_{i=1}^{n} x_i^2, \quad CT = \frac{(\sum\limits_{i=1}^{n} x_i)^2}{n} \tag{5.9}$$

则

$$S_T = Q_T - CT \tag{5.10}$$

各因子偏差平方和 S_j 为

$$S_j = \sum_{i=1}^{m} r(\overline{K}_{ij}^2 - \bar{x})^2 = \sum_{i=1}^{n} r(\overline{K}_{ji}^2 - 2\overline{K}_{ij}\bar{x} + \bar{x}^2)$$

$$= r \sum_{i=1}^{m} \left(\frac{\overline{K}_{ij}}{r}\right)^2 - 2rm \frac{\sum\limits_{i=1}^{m} \overline{K}_{ij}^2}{m} + rm\bar{x}$$

$$= \frac{1}{r}\sum_{i=1}^{m} \overline{K}_{ij}^2 - n\bar{x}^2 = \frac{1}{r}\sum_{i=1}^{m} \overline{K}_{ij}^2 - \frac{(\sum\limits_{i=1}^{n} x_i)^2}{n}$$

$$= \frac{1}{r}\sum_{i=1}^{n} K_{ij}^2 - \frac{T^2}{n} = Q_i - CT$$

式中，$\overline{K}_{ij}$ 为正交表第 j 列水平 i 对应指标之和的平均值；m 为每个因子的水平数；r 为每个水平的重复试验数；S_j 为除了试验误差外只反映同一因子的不同水平所引起的试验结果的差异。

可以证明：总偏差平方和 S_T 等于各条件因子偏差平方和 S_j 与试验误差偏差平方和 S_e 之和，即

$$S_T = S_j + S_e \tag{5.11}$$

则

$$S_e = S_T - S_j$$

【例 9】 试对本章的例 4 进行方差分析。

根据表 5.11 的试验方案及试验结果，可进行如下计算：

$$T = \sum_{i=1}^{n} x_i = 377 + 391 + \cdots + 318 = 3\,076$$

$$CT = \frac{(\sum\limits_{i=1}^{n} x_i)^2}{n} = \frac{1}{9} \times 3\,076 = 1\,051\,308$$

$$Q_T = \sum_{i=1}^{n} x_i^2 = 377^2 + 391^2 + \cdots + 318^2 = 1\,058\,458$$

$$Q_A = \frac{1}{r_A}\sum_{i=1}^{m} K_{iA}^2 = \frac{1}{3}(1\,130^2 + 1\,000^2 + 946^2) = 1\,057\,272$$

$$Q_B = \frac{1}{r_A}\sum_{i=1}^{m} K_{iB}^2 = \frac{1}{3}(1\,053^2 + 1\,023^2 + 1\,000)^2 = 1\,051\,779$$

$$Q_C = \frac{1}{r_A}\sum_{i=1}^{m} K_{iC}^2 = \frac{1}{3}(999^2 + 1\,059^2 + 1\,018^2) = 1\,051\,935$$

$S_T = Q_T - CT = 1\,058\,458 - 1\,051\,308 = 7\,150$

自由度 $f_T = 9 - 1 = 8$

$S_A = Q_A - CT = 1\,057\,272 - 1\,051\,308 = 5\,964$

自由度 $f_A = 3 - 1 = 2$

$S_B = Q_B - CT = 1\,051\,779 - 1\,051\,308 = 471$

自由度 $f_B = 3 - 1 = 2$

$S_C = Q_C - CT = 1\,051\,935 - 1\,051\,308 = 627$

自由度 $f_C = 3 - 1 = 2$

$S_e = S_T - S_A - S_B - S_C = 7\,150 - 5\,964 - 471 - 627 = 88$

自由度 $f_e = f_T - f_A - f_B - f_C = 8 - 2 - 2 - 2 = 2$

下面通过构造统计量 $F_j = \dfrac{S_j/f_j}{S_e/f_e} = \dfrac{V_j}{V_e}$ 来进行方差分析,根据自由度 f_j 和 f_e 从服从 F 值分布中查出临界值 $F_\alpha(f_j, f_e)$,用计算出的 F_j 值与之比较,可以判断出因子 j 的显著性大小,分析结果如表 5.22 所示。

表 5.22 方差分析表

方差来源	偏差平方和 S	自由度	平均偏差平方和 V	F	临界值
A	5 964	2	2 982	67.77*	$F_{0.01} = 99$
B	471	2	235.5	5.35[*]	$F_{0.05} = 19$
C	627	2	313.5	7.13[*]	$F_{0.10} = 9$
误差 e	88	2	44		$F_{0.25} = 3$
总和 T	7 150	8			

从方差分析的结果来看,A, B, C 三个因素对指标影响的主次顺序为 $A \to C \to B$,这与极差分析的结果是一致的。但方差分析从定量的角度确定了因素 A 具有显著的影响,因素 B, C 有一定影响但不显著,因此从抓主要矛盾的角度来看,应着力控制因素 A。

第四节 健壮性设计

一、基本概念

1. 健壮性设计及特点

所谓健壮性是指质量特性波动小、抗干扰能力强的特性。健壮性设计是指以健壮性为目的的最优化设计方法体系。健壮性设计的特点是：使产品性能对原材料的改变不敏感，使材料使用范围广；使产品对制造上的误差不敏感，减少劳动成本；使产品对使用环境的变化不敏感，提高产品的可靠性。健壮性设计的目的是：使质量噪声（干扰）的影响效果最小，使质量特性达到最优。

2. 质量噪声（干扰）——噪声因子

（1）定义

引起质量特性值波动的原因，称为质量噪声，也叫噪声因子，是不能被设计者控制的因子。

（2）危害

质量噪声轻则使产品质量性能不稳定，影响产品功能的发挥；重则使产品发生故障，甚至丧失功能出现严重后果。

产品性能除了受可控因子影响外，还受噪声因子的影响。一般的试验设计对噪声（误差）的分析比较笼统，全都归为试验误差。

在健壮性设计中，一定要首先明确噪声因子的具体来源、状况，然后予以准确描述并设法在试验中反映这些噪声因子，最后最大限度地消除噪声因子的影响。

（3）类型

① 外噪声：由于环境因素和使用条件的波动或变化，引起质量特性值的波动。例如，温度、湿度、位置、输入电压、机械振动、磁场等因素的变化或波动而引起产品性能的波动。由于这些干扰出现在产品的外部，故称为外干扰或外噪声。

② 内噪声：由于在贮存或使用过程中，随着时间的推移，发生材料变质、劣化现象而引起质量特性值的波动。例如，电器产品绝缘材料的老化，机械零件在使用过程中的磨损、蠕变，润滑材料的老化等。由于这些干扰出现在产品的内部，故称为内干扰或内噪声。

③ 产品间噪声：在相同生产条件下，生产制造出来的一批产品，由于人、机、料、法、环、测的变化，引起质量特性值的波动。

（4）噪声因子的来源

① 参数的变化：在生产过程中，对任何参数的控制都不可能完全准确到不会引起丝毫的质量噪声。例如，反应罐中的温度对效率的影响很大，必须作为可控因子加以调节和控制，但又很难做到温度的精确控制，因此又必须作为噪声因子来考察它对效率的影响。

② 原材料参数的变化：每批原材料的参数都不是一成不变的，微小的波动是经常出现的。

③ 环境的变化：环境条件对响应变量有程度不同的影响。例如，收音机的音质随温度的变化而波动；电视机的清晰度与输入电压的大小有密切关系。因此很多生产过程中产品质量的波动与环境的温度、湿度、输入电压、振动等有关。

④ 载荷因子：指产品所承受的外部载荷。例如，洗衣机的设计中要考虑洗衣量的变化；汽车要考虑载重量的变化；冰箱要考虑开门次数的变化等。

⑤ 单元间差异与空间差异：批量的差异、操作人员的差异、操作方法的差异等。

噪声因子除上述来源外，还有时间差异及耗损降级等因素。

（5）控制因子

能被设计者自由指定的因子，它们的水平被选出来使产品对所有噪声因子反应的灵敏度最小。例如，成分、温度、压力、尺寸等。

二、信噪比

1. 含义

信噪比是健壮性设计中用以度量产品质量特性的健壮特性指标，是测量质量的一种尺度。

信噪比的概念首先在无线电通信中提出，接收机输出功率分成信号功率和噪声功率两部分：

$$\eta = \frac{S}{N} \tag{5.12}$$

式中，S 是信号功率；N 是噪声功率。η 越大，通信效果越好。

所谓信噪比（S/N）是用来描述抵抗内外干扰因素所引起的质量波动的能力，或叫产品的稳定性或健壮性。

田口于1957年把信噪比的概念引入到通用质量的评价中，后来逐步应用到质量设计中。

2. 质量损失函数

设产品的质量特性值为 y，假定的理想目标值为 m，当 $y=m$ 时损失为零，当 $y \neq m$ 时，造成的损失为 $L(y)$。

$$L(y) = L(m) + L'(m)(y-m) + \frac{L''(m)}{2}(y-m)^2 + \cdots$$

因为 $L(m)=0$，在目标值上没有损失，其一阶导数 $L'(m)=0$，在目标值上损失

斜率为0,舍弃3次项及更高次项,则有
$$L(y) = k(y-m)^2 \tag{5.13}$$
该关系式可表示成如图5.8所示。

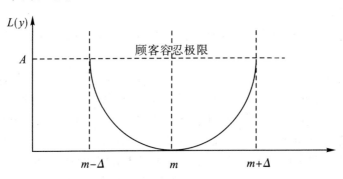

图5.8　质量损失函数示意图

如图5.8所示,当偏差达到Δ时,已经到了顾客容忍的极限,必须采取措施,这时的质量费用为A,所以,$A=k\Delta^2$,k为质量损失系数,则有$k=\dfrac{A}{\Delta^2}$。

为使问题简单起见,设$k=1$,现对式(5.13)取数学期望:
$$E(L) = E(y-m)^2 = E[(y-Ey)+(Ey-m)]^2$$
$$E(L) = E(y-Ey)^2 + E(Ey-m)^2 = \sigma^2 + \delta^2 \tag{5.14}$$

式(5.14)表明,产品质量的损失是由两个部分组成的,即系统性因素项σ^2和随机性因素项δ^2。要减少平均损失,就要尽量减少标准差σ和绝对偏差$\delta=|Ey-m|$。

由于减少偏差δ比减少标准差σ容易,所以在进行产品设计或改进时要分两步走:首先致力于减少波动,降低标准差σ,使产品质量较为稳定,这即健壮性设计;其次致力于减少偏差δ,使质量特性值y的均值$E(y)$尽量接近目标值m,这即灵敏度设计。

产品质量设计过程中,既要考虑产品性能的平均值,又要考虑其波动状况。田口提出用信噪比作为测量质量的一种尺度。为此在参数设计阶段,采用了两个层次的实验设计:第一层次用内正交表来安排参数名义值的不同组合(试验方案),第二层次对内正交表中每一试验方案,均安排一张相应的正交表来考虑所有误差因素对该试验方案结果的影响。每张外正交表的结果是产生对应的试验方案的信噪比,对内正交表进行信噪比的方差分析,确定最稳定的方案,以满足产品的性能和波动要求。

3. 望目特性信噪比

存在一个固定目标,希望质量特性值围绕目标值波动,且波动越小越好,这样的质量特性称为望目特性。例如,性能、成分、温度、压力、厚度、服务时间等。

设质量特性 y 的期望值为 μ,方差为 σ^2,称 $\eta=\dfrac{\mu^2}{\sigma^2}$ 为望目特性的信噪比,也是望目特性信噪比的定义式。此值越大,说明波动越小,质量越好。

设测得质量特性 y 的 n 个数据为 $y_1,y_2,\cdots,y_n$,则望目特性信噪比的估计公式为

$$\eta=\frac{\mu^2}{\sigma^2}=10\times\lg\frac{\dfrac{1}{n}(S_m-V_e)}{V_e}\ (\text{dB}) \tag{5.15}$$

式中

$$S_m=n\overline{y}^2,\quad \overline{y}=\frac{1}{n}\sum_{i=1}^{n}y_i,\quad V_e=\sigma^2=\frac{1}{n-1}\sum_{i=1}^{n}(y_i-\overline{y})^2 \tag{5.16}$$

【例 10】 某质量特性值为 31.44,28.70,26.37,29.16,34.58,23.47,34.83,23.62,28.58,求望目特性信噪比。

解 根据上述有关公式,有

$$S_m=n\overline{y}^2=n\left(\frac{1}{n}\sum_{i=1}^{n}y_i\right)^2=\frac{1}{n}\left(\sum_{i=1}^{n}y_i\right)^2$$

$$=\frac{1}{9}(31.44+28.70+\cdots+28.58)^2=10\,491.222$$

$$V_e=\sigma^2=\frac{1}{n-1}\sum_{i=1}^{n}(y_i-\overline{y})^2=17.21$$

$$\eta=10\times\lg\frac{\dfrac{1}{n}(S_m-V_e)}{V_e}=10\times\lg\frac{\dfrac{1}{9}(7\,553.95-17.21)}{17.21}$$

$$=16.87\ (\text{dB})$$

4. 望小特性信噪比

望小特性是希望质量特性越小越好(理想值为零),且波动越小越好,这样的质量特性称为望小特性。例如,噪声、有害物质、污染、金属材料中 S 与 P 的含量等。

当产品的质量特性 y 为望小特性时,一方面希望数值越小越好,即期望值 μ 的绝对值或 μ^2 越小越好;另一方面希望 y 的波动越小越好,即希望方差 σ^2 越小越好,即 $\mu^2+\sigma^2$ 越小越好,其倒数越大越好。因此,望小特性 y 的信噪比定义如下:

$$\eta=\frac{1}{\mu^2+\sigma^2} \tag{5.17}$$

由于随机变量 y 的二阶原点矩为 $E(y^2)=\mu^2+\sigma^2$,所以

$$\eta=\frac{1}{E(y^2)} \tag{5.18}$$

二阶原点矩 $E(y^2)$ 的无偏估计称为均方值 V_T:

$$V_T=\frac{1}{n}\sum_{i=1}^{n}y_i^2 \tag{5.19}$$

η 的估计公式为

$$\hat{\eta} = \frac{1}{V_T} = \frac{n}{\sum_{i=1}^{n} y_i^2} \tag{5.20}$$

取常用对数再乘以 10，化为分贝值：

$$\eta = \frac{S}{N} = 10 \times \lg\left[\frac{1}{n}\left(\sum_{i=1}^{n} y_i^2\right)\right] \text{(dB)} \tag{5.21}$$

5. 望大特性信噪比

望大特性是希望质量特性越大越好（理想值为无穷大），且波动越小越好，这样的质量特性称为望大特性。例如，强度、寿命、发热值、服务时间等。

设 y 为望大特性，则 $\frac{1}{y_i}$ 为望小特性，将望小特性 S/N 的计算公式中 y_i 换成 $\frac{1}{y_i}$，可得望大特性信噪比的估计公式为

$$\eta = \frac{S}{N} = -10 \times \lg\left[\frac{1}{n}\left(\sum_{i=1}^{n} y_i^{-2}\right)\right] \text{(dB)} \tag{5.22}$$

为了获得稳定的产品质量，在产品质量设计过程中，往往希望产品质量特性越接近目标值越好，同时希望产品质量特性对噪声干扰能力越强越好，即要求质量特性试验的多次观察值的平均值越接近目标值越好，同时偏差的变化越小越好。

由于信噪比 S/N 函数既考虑到质量特性的平均水平又考虑到其波动范围，因此，用 S/N 来评价质量水平是比较合理和全面的，S/N 越大，说明产品质量水平越高。

三、灵敏度

在健壮性设计中用以表征可调整性的指标称为灵敏度。灵敏度系数是控制因子值的函数，一个健壮的产品是灵敏度系数最小的情况。

设质量特性 y 的期望值为 μ，称 $S = \mu^2$ 为望目特性的灵敏度。灵敏度的估计公式为

$$\eta = 10 \times \lg(S_m - V_e) \text{(dB)} \tag{5.23}$$

四、健壮性设计原理

健壮性设计原理是以信噪比作为健壮性指标，信噪比最大的设计方案就是抗干扰性最强、健壮性最好的设计方案；设计时以质量噪声因子模拟三种干扰，特别是模拟内干扰、外干扰；设计过程以正交表为主要工具，以大幅度减少试验次数；设计分三个阶段进行，即系统设计、参数设计、容差设计。

1. 系统设计

系统设计也称功能设计或方案设计,即用什么样的结构和材料、什么样的技术路线来保证产品能实现用户要求的功能设计。

在系统设计时,要以产品应具有的功能和技术为基础,研究分析出产品的结构特征,然后从中选出最为合适的产品结构。对某些较为复杂的产品,有时需要选出多个相同功能的备选结构,这就需要相关人员对规划阶段确定的功能、成本、寿命等各个项目的优劣进行方案论证和评估,必要时进行模拟实验和可行性论证,以做出选择。

系统设计涉及的知识面较广,除专业知识外,还要考虑可靠性、安全性、环保性等。科学合理的系统设计,对降低产品相对于各项噪声因素的敏感度、降低制造成本等均具有十分重要的作用。

2. 参数设计

参数设计是在系统设计的基础上,运用试验设计和数理统计方法,对处于干扰环境下,寻求使输出特性波动最小的最佳参数水平组合的优化设计。参数设计的目的是使产品整体质量最优、成本最低、产品对各种干扰因素(质量噪声)的抵制力最强,即健壮性最好。

影响产品质量的因素从大的方面可分为可控因素和噪声因素,各因素参数水平如何组合才能使输出特性波动最小即健壮性最好是参数设计要解决的主要问题。因此参数设计的重点就是健壮性设计,使系统输出特性在接近目标值的前提下波动尽可能小,能抗干扰,而不是着眼于找出满足约束条件的最优解。

参数设计的目标就是对处于干扰环境下,寻求使输出特性波动最小且比较接近目标值的最佳参数水平组合的优化设计。参数设计的方法主要是正交试验设计、均匀设计等。参数设计质量的评价标准主要是信噪比和灵敏度。在参数设计阶段,先进行信噪比分析,通过优选稳定因素,使设计方案健壮性最好,并使系统输出的波动减少到最小。其次,进行灵敏度分析,通过调整因素,使系统的输出达到或接近目标值。

参数设计分为以下几个步骤:

(1) 明确参数设计问题

对系统设计要有全面了解,特别是对其功能和质量特性要有清楚的认识。选好质量特性 y,找出影响质量特性 y 的因子。

(2) 将影响质量特性 y 的因子进行分类

在生产中水平可由试验者选择或控制的因子称为可控因子,不能被试验者选择或控制、或很难控制、或要花费昂贵的代价才能控制的因子称为噪声因子。噪声因子是引起质量特性波动的来源。

参数设计的基本宗旨是改变某些可控因子的水平,使噪声因子对产品质量特性 y 的影响减到最小,确定可控因子,识别噪声因子非常重要。

(3) 内外表设计

把诸多可控因子放在一张正交表上,简称内表;把诸多噪声因子放在另一张正交表上,简称外表。对内外表直积形成最终试验用表。

(4) 进行试验,获取试验结果

若内表有 m 个水平组合,外表有 n 个水平组合,则内外表设计共需 $m\times n$ 个试验,测得 $m\times n$ 个质量特性值。

(5) 进行统计分析

用每张外表上的数据算出一个信噪比 S/N,把算得的诸多信噪比对号放入内表,按正交设计法进行统计分析,得出相应的结论。

(6) 验证试验,确定最佳方案

最后,验证试验,确定最佳方案。

3. 容差设计

容差设计又叫公差设计,是在参数设计给出最优参数条件的基础上,从质量成本的角度权衡确定最合适的公差。

参数设计完成了最佳参数组合的选择,决定了参数中心值。由于设计和制造中各种因素变化的影响,不可能达到中心值,而是围绕中心值波动,为此必须制定允许波动的公差范围。

容差设计的任务是在参数设计的基础上,通过考察各参数的波动对产品质量特性值影响的大小后,从经济角度给予各参数更合理的容差范围。

容差设计分为以下几个步骤:

① 针对参数设计所确定的最佳参数水平组合,根据专业知识设想出可选用的元器件,如可选三等品,进行试验设计和计算分析。

② 为简化计算,通常选取和参数设计中相同的因素为误差因素,对任一误差水平设其中心值为 m,波动的标准差为 σ,最理想的情况取下面的三个水平:

第一水平:$m-\sqrt{3/2}\sigma$;

第二水平:m;

第三水平:$m+\sqrt{3/2}\sigma$。

③ 选取正交表,安排误差因素进行试验,测出误差值。

④ 方差分析:为研究误差的影响,对测出的误差值进行方差分析。

⑤ 容差设计:根据方差分析的结果,对各因素选用合适的元器件,对影响不显著而成本又高的因素公差范围可放得宽一些,可选用低等级、低价格的元器件;对影响显著而成本低的因素公差范围可收得紧一些。

第五节 回归分析

一、什么是回归分析

所谓回归分析是一种处理变量间相关关系的数理统计方法。变量间的关系可分为函数关系和相关关系。函数关系是一一对应的确定关系，并有严密的数学表达式。相关关系是指变量间的关系不能用函数关系精确表达，且一个变量的取值不能由另一个变量唯一确定，当变量 x 取某个数值时，变量 y 的值可能有多个。例如，人的身高 x 与体重 y 之间的关系，材料的强度 x 与某种成分 y 的关系等。

回归分析主要解决以下几个问题：

① 从一组样本数据出发，确定变量之间的数学关系式。

② 对这些关系式的可信程度进行各种统计检验，并从影响某一特定变量的诸多变量中找出哪些变量的影响显著，哪些不显著。

③ 利用所求的关系式，根据一个或几个变量的值，预测或控制另一个变量的值，并要知道这种预测或控制可达到的精密度。

二、回归模型

回归分析就是建立自变量与因变量的数学关系，这种关系就是回归模型。当自变量与因变量之间不是一一对应的确定关系时，所建立的模型必定是近似的，当这种近似满足一定精度要求时是可以解释、分析和预测许多问题的。

回归模型有多种类型。但大体上可以分为两大类：一类是按自变量的多少，分为一元回归和多元回归，前者只有一个自变量，后者有两个及两个以上自变量；另一类是按自变量与因变量是否呈线性关系，分为线性回归和非线性回归。

三、一元线性回归模型

1. 基本概念

当只涉及一个自变量时称为一元回归，若因变量 y 与自变量 x 之间为线性关系时称为一元线性回归。对于具有线性关系的两个变量，可以用一个线性方程来表示它们之间的关系。

设随机变量 x 与 y 之间存在相关关系，y 是可以控制或可以精确观察的变量，如年龄、试验时的温度、施加的压力、电压、时间等。

对于 x 的每一确定值，y 有它的分布，对于一组不完全相同的值 $x_1, x_2, \cdots, x_n$，做独立试验得到 n 对观察结果 $(x_1, y_1), (x_2, y_2), \cdots, (x_n, y_n)$。其中，$y_i$ 是 $x = x_i$ 处对随机变量 y 观察的结果。

由实验获得两个变量 x 和 y 的一组样本数据 $(x_1, y_1), (x_2, y_2), \cdots, (x_n, y_n)$，可构造如下一元线性回归模型：

$$y_i = a + bx_i + \varepsilon \tag{5.24}$$

式(5.24)即为描述因变量 y 如何依赖于自变量 x 和误差项 ε 的方程，称为回归模型。模型由 y 是 x 的线性函数部分加上误差项 ε 构成。线性部分反映了由于 x 的变化而引起 y 的变化；误差项 ε 是随机变量，反映了除 x 和 y 之间的线性关系之外的随机因素对 y 的影响。误差项 ε 是不能由 x 和 y 之间的线性关系所解释的变异性，a 和 b 称为模型参数。

2. 一元线性回归模型的基本假定

① 误差项 ε 是一个期望值为 0、方差为 σ^2 的随机变量，即 $E(\varepsilon) = 0, D(\varepsilon) = \sigma^2$。

对于一个给定的 x_i 值，y_i 的期望值为 $E(y_i) = a + bx_i$，a, b 是待定的参数或称为回归系数。

自变量 x 是具有确定性的，是可以控制的变量，因变量 y 由于受随机干扰的影响，是一个随机变量，是可预测的目标变量。

② 对所有的 x_i 值，ε_i 的方差 σ^2 都相同，即 $D(\varepsilon_i) = \sigma^2$。

③ 误差项 ε_i 是一个服从正态分布的随机变量，且相互独立，即 $\varepsilon_i \sim N(0, \sigma^2)$。

3. 经验的回归方程

① 总体回归参数 a 和 b（回归系数）是未知的，必须利用样本数据去估计它们。

② 用样本统计量 $\hat{a}$ 和 $\hat{b}$ 代替回归方程中的未知参数 a 和 b，这时就得到了经验的回归方程。

③ 一元线性回归的经验的回归方程：

$$\hat{y} = \hat{a} + \hat{b}x \tag{5.25}$$

式中，$\hat{a}$ 是回归直线在 y 轴上的截距；$\hat{b}$ 是直线的斜率，它表示对于给定的 x 的值，$\hat{y}$ 是 y 的估计值，也表示当 x 每变动一个单位时，y 的平均变动值。

对每一个 x_i，由方程 $\hat{y} = \hat{a} + \hat{b}x$，可以确定一个回归值 $\hat{y}_i = \hat{a} + \hat{b}x_i$，实际测量值 y_i 与这个回归值 $\hat{y}_i$ 的差就是残余误差 v_i：

$$v_i = y_i - \hat{y}_i = y_i - (\hat{a} + \hat{b}x_i), \quad i = (1, 2, \cdots, n) \tag{5.26}$$

应用最小二乘法求解回归系数，即使残余误差平方和为最小的条件下求解 $\hat{a}$ 和 $\hat{b}$。

根据最小二乘法的要求，可得

$$\begin{cases} \hat{b} = \dfrac{n\sum\limits_{i=1}^{n}x_iy_i - (\sum\limits_{i=1}^{n}x_i)(\sum\limits_{i=1}^{n}y_i)}{n\sum\limits_{i=1}^{n}x_i^2 - (\sum\limits_{i=1}^{n}x_i)^2} = \dfrac{l_{xy}}{l_{xx}} & (5.27) \\ \hat{a} = \overline{y} - \hat{b}\overline{x} & (5.28) \end{cases}$$

式中

$$\begin{cases} l_{xy} = \sum\limits_{i=1}^{n}x_iy_i - \dfrac{1}{n}(\sum\limits_{i=1}^{n}x_i)(\sum\limits_{i=1}^{n}y_i) & (5.29) \\ l_{xx} = \sum\limits_{i=1}^{n}(x_i - \overline{x})^2 = \sum\limits_{i=1}^{n}x_i^2 - \dfrac{1}{n}(\sum\limits_{i=1}^{n}x_i)^2 & (5.30) \\ l_{yy} = \sum\limits_{i=1}^{n}(y_i - \overline{y})^2 = \sum\limits_{i=1}^{n}y_i^2 - \dfrac{1}{n}(\sum\limits_{i=1}^{n}y_i)^2 & (5.31) \end{cases}$$

【例 11】 为研究某一化学反应过程中,温度 x 对产品得率 y 的影响,测得如表 5.23 所示数据。

表 5.23 温度 x 对产品得率 y 的影响

x(℃)	100	110	120	130	140	150	160	170	180	190
y	45%	51%	54%	61%	66%	70%	74%	78%	85%	89%

根据表 5.23 所示的测量数据,经计算可得如表 5.24 所示的计算数据,进而可绘制出温度 x 对产品得率 y 影响的经验回归线(如图 5.9 所示)。

表 5.24 计算数据

温度 x(℃)	得 率	x^2	y^2	xy
100	45%	10 000	2 025	4 500
110	51%	12 100	2601	5 610
120	54%	14 400	2 916	6 480
130	61%	16 900	3 721	7 930
140	66%	19 600	4 356	9 240
150	70%	22 500	4 900	10 500
160	74%	25 600	5 476	11 840
170	78%	28 900	6 084	13 260
180	85%	32 400	7 225	15 300
190	89%	36 100	7 921	16 910
$\sum x = 1\,450$	673	218 500	47 225	101 570
$\overline{x} = 145$	67.3	21 850	1 722.5	10 157

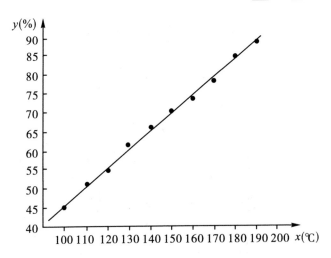

图 5.9 温度 x 对产品得率 y 影响的经验回归线

$$l_{xx} = \sum_{i=1}^{n}(x_i - \bar{x})^2 = \sum_{i=1}^{n}x_i^2 - \frac{1}{n}\Big(\sum_{i=1}^{n}x_i\Big)^2 = 218\,500 - \frac{1}{10} \times 1\,450 = 8\,250$$

$$l_{xy} = \sum_{i=1}^{n}x_i y_i - \frac{1}{n}\Big(\sum_{i=1}^{n}x_i\Big)\Big(\sum_{i=1}^{n}y_i\Big) = 101\,570 - \frac{1}{10} \times 1\,450 \times 673 = 3\,985$$

$$\hat{b} = \frac{l_{xy}}{l_{xx}} = \frac{3\,985}{8\,250} = 0.483\,03$$

$$\hat{a} = \bar{y} - \hat{b}\bar{x} = 67.3 - 0.483\,03 \times 145 = -2.739\,35$$

则回归直线方程为

$$\hat{y} = \hat{a} + \hat{b}x = -2.739\,35 + 0.483\,03x$$

从该回归直线方程可知,温度每提高 1 ℃,产品得率平均增加 0.483 03%。

四、回归模型的显著性检验

在回归直线方程 $\hat{y}=\hat{a}+\hat{b}x$ 中,其回归系数 $\hat{a},\hat{b}$ 的估计是通过建模求得的。对参与计算的数据未附加任何条件,即对任何 n 组数据 (x_i, y_i) 均可估算出回归系数 $\hat{a},\hat{b}$ 的值,配出一条回归直线,但任意数据组 (x_i, y_i) 配出的直线是否有意义?精度如何?是否符合变量之间的客观规律性?两变量之间是否具有显著的相关关系?配出的回归直线可否用于预测和控制?为回答这些问题需要进行显著性检验。

回归模型显著性检验的具体方法是将回归平方和与残余平方和加以比较,应用 F 检验来分析二者之间的差别是否显著。如果是显著的,两个变量之间存在线性关系;如果不显著,两个变量之间不存在线性关系。检验步骤如下:

① 提出假设 H_0:线性关系不显著。

② 计算检验统计量。

第六节 排 列 图

一、什么是排列图

排列图为意大利经济学家所发明,是根据收集的项目数据,按其大小顺序从左到右排列的图。从排列图中可看出哪一项目有问题,其影响程度如何,从而确定问题的主次,并可针对问题点采取改善措施。

意大利经济学家帕累托在分析意大利社会财富分配状况时得到了"少数是关键,多数是次要"的结论。该理论通过延伸说明了这样一个道理:在一个组织所面对的各种各样的问题中,实际上起重要影响的是相对少数。把这一理论引入到质量管理中就意味着少数的项目往往起着关键的决定性影响,通过区分最重要的和其他次要的项目,就可以用最小的努力获得最大的改进。

排列图的结构是由两个纵坐标和一个横坐标、若干个直方形和一条折线构成的,如图 5.10 所示。左侧纵坐标表示质量问题出现的频数(出现次数或金额等),右侧纵坐标表示质量问题出现的累计频率(用百分比表示),横坐标表示影响质量的各种因素,按影响大小顺序排列,直方形高度表示相应的因素的影响程度(即出现频率为多少),折线表示累计频率(也称帕累托曲线)。通常累计百分比将影响因素分为三类:占 0%～80% 的为 A 类因素,也就是主要因素;占 80%～90% 的为 B

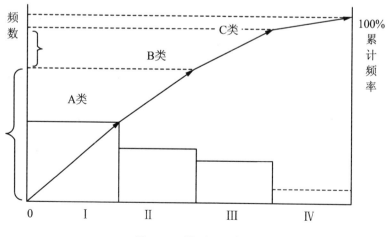

图 5.10 排列图示意图

类因素,是次要因素;占 90%～100% 的为 C 类因素,即一般因素。由于 A 类因素占存在问题的 80%,因此此类因素解决了,质量问题大部分就得到了解决。

二、排列图的作法

1. 确定排列项目、收集数据

确定要进行质量分析的项目,有针对性地收集数据。选择用于质量分析的单位,如出现的频数、成本、不合格率、金额等。

2. 将数据进行分类整理

可以按原因分类,如材料、能源、生产设备、操作人员、作业方法等;也可以按内容分类,如不良项目、场所、工程、时间、费用等。需要注意的是,为抓住关键的少数,分类不可过细,对那些出现频次不高的项目可以合并为"其他"项。

3. 整理数据,计算累积数及比率

在数据分类的基础上,计算各项目的频数、累计频数、频率、累计频率,累计频数应等于总数据数,累计频率应等于 100%。

4. 画一个横坐标和两个纵坐标

在横坐标上依次将不同类别所代表的项目按其出现的频数从左到右、从大到小等距地进行排列,"其他"项排在最后。两个纵坐标分别画在横坐标的两端,左端的纵坐标表示频数,右端的纵坐标表示累计频率,在 0～100% 之间画上等分的刻度。

5. 绘累积曲线

依次在横坐标上画出以每一项目出现相应频率或频数为高度的直方块,找出各项目累积的百分点,并从原点开始连接各点,即绘出排列图。

6. 利用排列图确定质量改进最为重要的项目

【例 12】 某铸造车间生产一种铸件,质量不良项目有弯曲、砂眼、污染、断裂、擦伤、裂纹、其他等项。记录一月内某班所生产的产品不良情况数据,并将不良项目做成累计频数和百分比汇总表,如表 5.25 所示。

表 5.25　铸件质量不良项目排列图计算表

缺陷类型	缺陷频数	缺陷频率	累计频率
弯曲	104	52	52
砂眼	42	21	73
污染	20	10	83
断裂	10	5	88
擦伤	6	3	91
裂纹	4	2	93
其他	14	7	100
合计	200	100	

根据表5.25的统计和计算的结果可绘制如图5.11所示的排列图。从表5.25和图5.11中可明显看到,该铸件尽管质量问题很多,但主要问题出现在前三项,它们累计占了83%,所以从提高铸件质量的角度,重点把前三项质量问题解决掉,80%以上的问题就得到了解决。

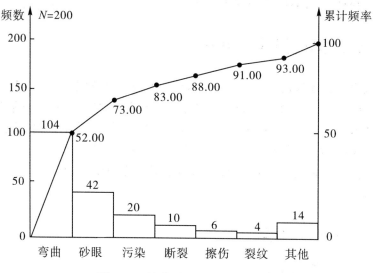

图 5.11　铸件质量不良项目排列图

三、排列图的分析方法

排列图是以数据、项目分类,如不良损失金额、不良件数、缺点数等,依其大小顺序排列的条形图,对现场管理及监督者而言,在分析排列图时需从下列各项问题着手:
① 哪一项目问题最大?
② 问题大小排列如何?
③ 各项目对整体所占分量及其影响程度如何?
④ 如何减小不良项目对整体效果的影响?

四、排列图的功能

排列图具有以下几方面的功能:
1. 掌握问题点
虽然问题分类很多,但实际上影响较大的只不过是其中的2~3项,因此很容易找出问题出在哪里。
2. 发现原因
从结果到原因,如人员方面、方法方面、设备方面的问题等。

3. 报告与记录

只看数据无法知道分类项目的影响，但排列图能把内容正确地表示出来，可用在报告及记录上。

4. 确认改善效果

把改善前与改善后的排列图排列在一起，可评估出改善效果。

五、使用排列图的注意事项

(1) 分类方法不同则图形不同，可以通过不同角度观察问题，以把握问题实质。

(2) 图中占 60%～80% 的前一两项是关键的少数，应作为解决问题的方向。

(3) 如果有许多数量很少的项目，应合并为"其他"，排在图形的末位。

(4) 排列图可以连续使用，以便找出复杂问题的最终原因。

(5) 在采取措施之后，应尽可能用改进后的数据再次绘制排列图，以便对比改进前后的效果。

六、排列图的应用

排列图可分析各种现象：

在质量方面：缺陷、故障、顾客投诉、退货、维修等；在成本方面：损失金额、生产费用、停机时间等；在交货期方面：存货短缺、付款违约、交货期拖延等；在安全方面：发生事故、出现差错等。

应用排列图可分析各种原因：

在操作者方面：班次、组别、年龄、经验、熟练度等；在机器方面：机组、设备、工具、模具、仪器等；在原材料方面：制造商、工厂、批次、种类、成分等；在作业方法方面：工序先后、加工方法、操作规范等；在作业环境方面：温度、湿度、压力、振动、噪音等。

第七节　因　果　图

一、什么是因果图

因果图是一种用于分析结果（或现象）与原因（或因素）之间关系的图，针对造成某项结果的诸多原因，以系统的方式表达结果与原因之间的关系，并设法使用图解法找出这些原因来。

因果图是由日本品质管理大师石川馨博士首先提出的,因其形状与鱼骨相似,故又常被称为"鱼骨图",又称"鱼刺图"。其基本图形如图 5.12 所示。

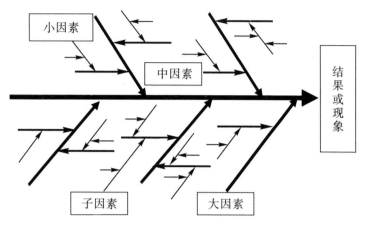

图 5.12　基本图形

二、如何绘因果图

1. 确定需要解决的质量问题

在未画图前,首先确定问题或质量问题的结果是什么。一般,结果可以用产品规格、货款回收率、产品不良率、客户投诉、报废率等与质量有关或是和成本有关的人员费用、材料费用等予以展现。将确定问题或质量问题的结果用肯定语气写在图的右边,画出主干线,箭头指向右边的结果。

2. 确定问题发生原因的主要类别

一般分析质量问题常按 4M1E 等进行分类,即按人员、设备、材料、方法、环境等分为五大类。分别画出五大类分支线,箭头指向主干线,分支线与主干线夹角为 60°～75°为佳。箭尾端记上分类项目。

3. 在主要原因基础上细分原因

通过召集相关人员,利用头脑风暴法各抒己见,集思广益,把到会者的发言、讨论和分析的意见归纳起来,按相互的相依隶属关系,由大到小、从粗到细,逐步深入,直到能够采取解决问题的措施为止。根据大家所提出的各种原因区分出大、中、小等原因,画出大原因的分支线,中原因、小原因等分叉线。

4. 确定因果图中的主要、关键原因

用符号明显地标出因果图中的主要、关键原因,必要时要现场调查研究,验证所确定的主要、关键原因是否找对、找准。以此作为制定质量改进措施时的重点项目。

5. 列明相关事项

如制作目的、制作日期、制作者、参与人员等。

三、绘制因果图的注意事项

（1）因果图只能用于单一目的的研究分析，一张因果图只能针对一个主要质量问题，多个质量问题需要多张因果图。

（2）寻找影响质量结果的所有因素时应采取集思广益的方法。

（3）主要、关键原因越具体，改进措施的针对性就越强，为此，因果关系的层次要分明，最末层次的原因应寻求到可以直接采取措施为止。

（4）主要原因一定要确定在末端因素上，不应确定在中间过程上。

（5）对末端因素特别是主要原因要进行论证，一般是3～5项。

四、因果图的应用

产品或服务的质量是形成过程中许多因素作用的结果。质量出了问题，就要查找原因并采取相应措施。因果图不仅能发现问题，还可以整理问题，找出最重要的问题点，并根据原因找出解决问题的方法。另外，因果图在工程管理、行政事务处理方面都可以使用，如配合其他手法应用，可以达到更好的效果（如与检查表、排列图等配合使用）。

【例13】 某企业加工曲轴时，工件常因曲轴轴径偏小而报废。为找到根本原因，经过集体分析和讨论，绘制出如图5.13所示的曲轴轴径尺寸偏小因果图。

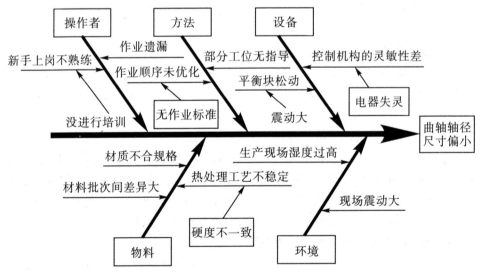

图5.13 曲轴轴径尺寸偏小因果图

第八节 直方图

一、直方图的基本概念

直方图是频数直方图的简称,是用一系列等宽不等高的矩形来表示质量数据分布状况的图形。矩形的宽度表示数据范围的间隔,矩形的高度表示在给定间隔内的数据频数。直方图是从总体中随机抽取样本,经过整理样本数据而绘出的频数分布图形,通过该图形可以找出质量数据分布规律,以便对总体水平进行评价和预测。直方图的具体用途为:

① 显示数据波动的形态及范围,了解产品质量特性的分布状况、平均水平和分散程度。

② 与技术标准比对,初步判断过程的质量状况。

③ 判断工序是否正常,过程能力是否满足要求,废品是否发生。

二、直方图的制作

现以某企业生产的产品重量为例,介绍直方图的制作程序。

【例14】 已知某企业所生产产品的重量标准为 $1\,000^{+50}_{\ \ 0}$ g,现收集100个数据,如表5.26所示。

表5.26 产品重量(g)

43	28	27	26	33	29	18	24	32	14
34	22	30	29	22	24	22	28	48	1
24	29	35	36	30	34	14	42	38	6
28	32	22	25	36	39	24	18	28	16
38	36	21	20	26	20	18	8	12	37
40	28	28	12	30	31	30	26	28	47
42	32	34	21	28	34	20	24	27	24
29	28	21	46	14	10	21	22	34	22
28	28	20	38	12	32	19	30	28	19
30	20	24	35	20	28	24	24	32	40

1. 收集数据

为了能从样本中找出总体的分布规律,要求的样本的数量应至少大于 50 个。本例在生产过程中收集了 100 个数据。为了方便制作直方图,对实测数据进行简化处理,即把实测数据减去 1 000 后作为绘制直方图的数据。

2. 确定组数和组距

① 找出最大值和最小值,计算数据分散宽度 $R=48-1=47$。

② 确定组数(经验公式 $k \approx \sqrt{n}$)或经验表格如表 5.27 所示。

表 5.27 数据组数的选取

数据量 n	组数 k
<50	5~7
50~100	6~10
100~250	7~12
>250	10~25

注意选取组数时不要太少,也不要太密,以找出规律为原则,本例数据个数为 100 个,组数取为 10。

③ 确定组距 h,$h=$(最大值-最小值)/组数$=47/10=4.7 \approx 5$。

3. 确定组界

为了使得所有数据不会落在组界上,保证最小值 1 落在第一组内,故取第一组的组下限等于最小值减去最小测量单位的一半(本例 1/2=0.5),于是第一组的组下限$=1-0.5=0.5$;第一组的组上限$=$第一组的组下限$+$组距$=0.5+5=5.5$,依此类推,如表 5.28 所示。

4. 确定各组的频数

如表 5.28 所示。

表 5.28 频数分布表

组号	组界	频数	组号	组界	频数
第一组	0.5~5.5	1	第六组	25.5~30.5	27
第二组	5.5~10.5	3	第七组	30.5~35.5	14
第三组	10.5~15.5	6	第八组	35.5~40.5	10
第四组	15.5~20.5	14	第九组	40.5~45.5	3
第五组	20.5~25.5	19	第十组	45.5~50.5	3

5. 作直方图

以横坐标表示质量特性(本例为重量),纵坐标为频数(频率),在横轴上标明各组组界,根据表5.28,就可以绘出以组距为底、频数为高的直方图,如图5.14所示。

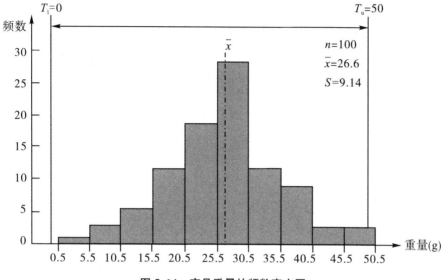

图5.14 产品重量的频数直方图

6. 完成直方图

在直方图的空白区填上收集数据的时间、数据个数、平均值、标准差。

三、直方图的观察与分析

观察与分析直方图有两个目的:一是分析直方图的全图形状,能够发现生产过程是否存在一些质量问题;二是把直方图与技术控制标准进行分析比较,观察质量是否满足要求。

1. 对直方图图形形状的观察分析

如图5.15所示。

① 标准型(图5.15(a))。"中间高,两边低,左右对称",平均值附近的频数最多,频数在中间值两边缓慢下降,关于平均值左右对称,是最常见的类型。

② 锯齿型(图5.15(b))。分组过多,测量方法有误或读数错误。

③ 陡壁型(图5.15(c))。用剔除了不合格品的质量数据作图时,操作者习惯偏标准下限。

④ 双峰型(图5.15(d))。将两个操作者或两台机器加工的相同规格的产品混在一起。

⑤ 孤岛型(图5.15(e))。原材料发生变化、一段时间内设备发生故障、短时间

内不熟练的工人替班,导致异常数据的出现。

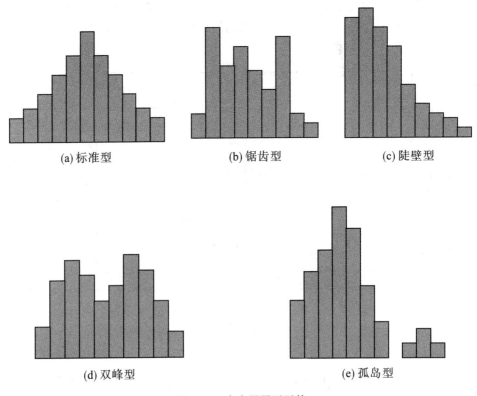

图 5.15 直方图图形形状

2. 直方图与技术控制标准的分析比较

如图 5.16 所示。

① 理想型(图 5.16(a))。直方图在控制线以内且数据较为集中,平均值与控制线中心基本吻合,说明质量水平高,过程能力充分,C_p 大于 1.33。

② 无富裕型(图 5.16(b))。直方图虽然在控制线以内,但数据分布不够集中,已有极少量废品出现,说明质量水平一般,过程能力不够充分,C_p 接近 1,需要考虑调整或改进,使其集中。

③ 偏心型(图 5.16(c))。直方图一侧越过控制线,平均值偏离控制线中心,有部分废品产生,说明过程能力不够,必须采取措施改进,使平均值接近控制线中心。

④ 能力不足型(图 5.16(d))。直方图双侧均不满足控制线,数据分散不集中,有大量废品产生。说明过程能力很差,必须改进,立即纠正,以减少波动。

⑤ 能力不足偏心型(图 5.16(e))。直方图两侧均越过控制线,且数据分散不集中,平均值偏离控制线中心,说明过程能力很差,有大量废品产生,必须改进,立即纠正,既要减少波动,又要使平均值接近控制线中心。

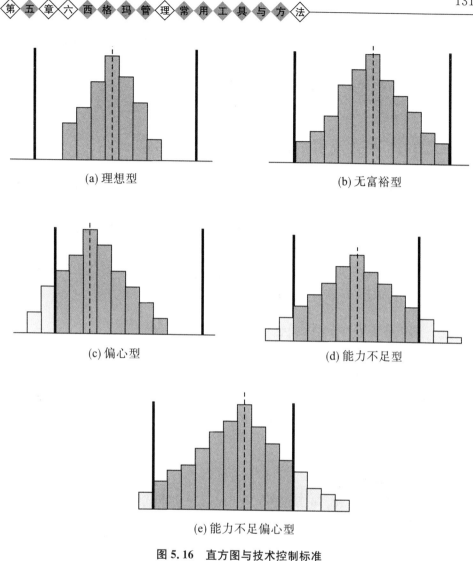

图 5.16 直方图与技术控制标准

第九节 检 查 表

一、什么是检查表

检查表又叫调查表、核对表、统计分析表,它是收集和记录数据的一种形式,是在收集数据过程中设计的一种表格,是用来记录事实和分析事实的统计表。其作用是将质量管理活动的相关数据和预定收集的数据系统地加以汇总,以便于管理者对工作现状的掌握和了解。

检查表对于检查设计制造方法,了解问题出现的类型、频度及调查产品的质量状况等具有十分重要的作用,检查表也可将此表作为管理及分析改善的工具。

二、检查表的使用目的

(1) 便于日常管理。如对质量管理项目的检查、作业前的检查、设备安全的检查、作业标准的要求与遵守的检查等。

(2) 便于调查问题。如质量异常问题调查、不良原因调查及发现改善点的检查。

(3) 便于记录和分析。通过系统地收集资料、积累数据,可对数据进行初步的判断和分析,并为进一步进行数据挖掘提供技术数据。

三、检查表的应用程序

(1) 明确收集资料的目的。

(2) 确定为达到目的所需收集的资料。需明确检查责任者及由谁实施检查,由谁来记录。检查表内容要使工作现场的人员了解,并做好工作协调。

(3) 确定对资料的分析方法。如尽可能将设备、机种、人员、原材料、操作者、项目等加以区别,以利于记录和分析。

(4) 明确检查责任者。

(5) 确定记录的方式。记录的方式可用以下几种形式:

① "正"记号,一般较常采用。

② "ǀǀǀǀ"棒记号,多应用于品质管理,如次数分配表。

③ "〇""△""☆""√"等图形记录。

(6) 根据记录做成数据表及统计图。

(7) 尽快将发现的问题上报并采取对策。

(8) 检查的结果尽快通报相关部门人员。

【例 15】 工序分布调查表。

工序分布调查表又称质量分布检查表,主要对计量值数据进行现场调查。根据以往的资料,将某一质量特性项目的数据分布范围分为若干区间而制成的表格,用以记录和统计每一质量特性数据落在某一区间的频数。表 5.29 是某产品重量实测值分布调查表。

表 5.29 某产品重量实测值分布调查表

调查人:		调查日期:		年	月	日				
调查数(N)										
频数	1	3	6	14	26	32	23	10	4	2
35										
30						丁				
25					一	正				
20					正	正	下			
15					正	正	正			
10				下	正	正	正			
5				一	正	正	正	正		
0	一	丁	正	正	正	正	正	正	下	丁
	0.5	5.5	10.5	20.5	25.5	30.5	35.5	40.5	45.5	50.5 (克)

【例 16】 不良项目调查表。

不良项目调查表主要用来调查生产现场不合格项目频数和不合格品率,以便继而用于排列图等分析研究。表 5.30 是某种机械零件不良项目检查表。从外观不合格项目的频次可以看出,加工不良和表面缺陷的问题较为突出,需要重点解决。

表 5.30 某种机械零件不良项目检查表

型号		生产班组		生产日期	
工序		检查员		检查日期	
生产批号		检查总数	250	检查方式	全数检验
不良项目		检查记录			小计
装错部件		正正正正正正正正正			45
部件有问题		正正正正正			25
部件未插牢		正正正正正正正			35
线路板尺寸不当		正正正正			20
电路问题		正正正			15
黏结剂过量		正正			10
其他		正正正			15
总计					165

【例17】 不合格位置调查表。

不合格位置调查表又称缺陷位置调查表,就是先画出产品平面示意图,把画面划分成若干小区域,并规定不同外观质量缺陷的表示符号。表5.31是某汽车车身喷漆质量调查表。

表5.31 某汽车车身喷漆质量调查表

车型		检查部位	车身表面
工序		检查日期	年 月 日
检验目的	漆缺陷	检查数量	2 100

▲流漆 ○尘埃 ●色斑

调查时,按照产品的缺陷位置在平面图的相应小区域内打记号,最后统计记号,可以得出某一缺陷比较集中在哪一个部位上的规律,这就能为进一步调查或找出解决办法提供可靠的依据。

第十节 分 层 法

一、什么是分层法

分层法就是把质量检测数据依照使用目的按其性质、来源、影响等因素进行分类,把性质相同的、同一生产条件下收集到的质量特性数据归并在一起的方法。通过分层可以使数据反映的现象更加明显,把纠缠在一起的质量因素分离出来,找到质量问题的原因。分层法通常和质量管理中的其他方法一起使用。如将数据分层之后再进行加工整理成分层排列图、分层直方图、分层控制图等。

二、分层的方法

按不同时间分,如按班次、日期分层;

按操作人员分,如按年龄、工种、工级、性别等分层;
按使用设备分,如按不同设备类型、新旧程度、不同的生产线和工装夹具等分层;
按操作方法分,如按不同的工艺要求、操作规程、生产速度、生产类型等分层;
按原材料分,如按供料单位、进料时间、批次、成分、产地等分层;
按测量分,如按测量设备、测量方法、测量人员、测量试剂、测量环境等分层;
其他分层,如按地区、使用条件、缺陷部位、气候条件等分层。

三、分层法应用程序

(1) 确定项目、收集数据。
(2) 将收集到的数据按不同的目的选择分层标志。
(3) 根据不同分层标志对数据进行分层。
(4) 按层进行归类。
(5) 画分层统计表或分层进行统计分析。

【例18】 为调查某焊接件裂纹发生率,按操作人员甲、乙、丙分别统计质量数据,并作出频数表(如表5.32所示)和裂纹发生率直方图(如图5.17所示)。

表5.32 某焊接件裂纹发生情况分层表

裂纹发生率	甲	乙	丙
0.0～3.0	2	6	16
3.0～6.0	6	15	8
6.0～9.0	15	5	5
9.0～12.0	7	4	2
12.0～15.0	3	2	2
15.0～18.0	3	1	1
18.0～21.0	3	—	—
21.0～24.0	1	—	—
24.0～27.0	1	1	—
合 计	41	34	34

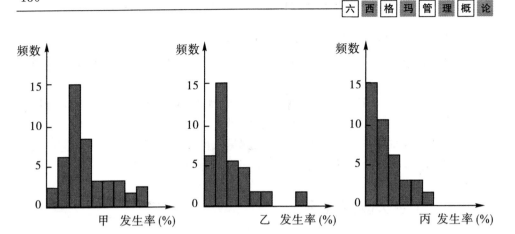

图 5.17 不同操作人员裂纹发生率直方图

从直方图的分布看,甲分布最宽,他的焊件不仅裂纹个数多,而且分布偏向高值。丙分布较好,裂纹发生的频数少,而且偏向于低值。这是比较正常的分布状况。

第十一节 散 布 图

一、什么是散布图

散布图又称相关图,是用来研究成对出现的两组数据之间关系的。散布图用在质量管理领域可以分析某质量因素与质量特性之间的相关关系及相关程度。相关关系是指变量之间既存在较强的关系,但又不能用函数关系精确表达,反映现象之间存在着非严格的、不确定的依存关系。在实际生活或生产中常可发现以下情况:人的身高与体重之间的关系、人的血压与年龄之间的关系、温度与湿度的关系、材料强度与某种化学成分之间的关系、热处理时工件硬度与淬火温度或冷却速度的关系等,变量之间确实存在数量上的客观内在关系,表现为一个变量发生数量上的变化要影响另一变量相应发生数量上的变化。另外,变量之间数量上的依存关系不是确定的,不具有一一对应的函数关系,即具有一定的随机性,一个变量的取值不能由另一个变量唯一确定。当变量取某个数值时,变量的值可能有几个,因变量总是遵循一定规律围绕这些平均数上下波动,因此影响因变量发生变化的因素不止一个。常见变量之间的相关关系的散布图如图5.18 所示。

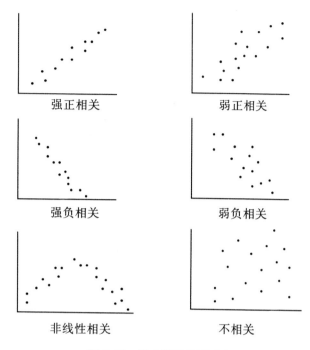

图 5.18 散布图的典型形式

二、相关分析

1. 相关系数及其特征

相关系数是反映两个变量之间的相关性质和程度的特定指标,用 ρ 表示,它是一个绝对值在 0~1 之间的系数,其取值区间为 $[-1,+1]$。相关系数的大小反映了两个变量之间相关的密切程度,ρ 有正负号,正号表示正相关,负号表示负相关。

当 $\rho=0$ 时为不相关,也可能非线性相关;

当 $\rho=+1$ 时为完全正相关;

当 $\rho=-1$ 时为完全负相关。

上述关系如图 5.19 所示。

2. 相关系数的测定

相关系数可以用下列公式测定:

$$\rho = \frac{\sum(x_i-\bar{x})(y_i-\bar{y})}{\sqrt{\sum(x_i-\bar{x})^2(y_i-\bar{y})^2}} \tag{5.32}$$

即

$$\rho = \frac{L_{xy}}{\sqrt{L_{xx}L_{yy}}}$$

式中

$$L_{xy} = \sum (x_i - \bar{x})(y_i - \bar{y}) = \sum x_i y_i - \frac{1}{n}\sum x_i \sum y_i$$

$$L_{xx} = \sum (x_i - \bar{x})^2 = \sum x_i^2 - \frac{1}{n}\left(\sum x_i\right)^2$$

$$L_{yy} = \sum (y_i - \bar{y})^2 = \sum y_i^2 - \frac{1}{n}\left(\sum y_i\right)^2$$

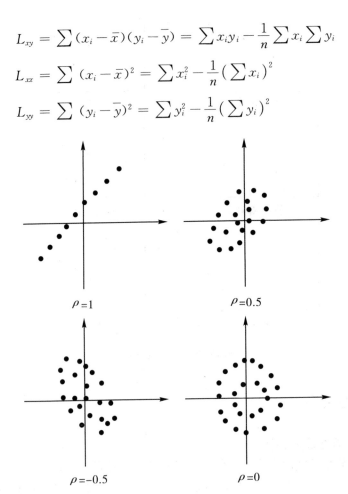

图 5.19 变量之间典型的相关关系

从以上相关系数公式可以看出，ρ 值取正值或负值决定于 L_{xy}，当 $L_{xy} > 0$ 时，ρ 取正值，表示正相关；当 $L_{xy} < 0$ 时，ρ 取负值，表示负相关。ρ 的取值范围在 $-1 \sim +1$ 之间，当 $|\rho|$ 越接近于 1 时，变量之间的线性关系越好。当 $\rho = 0$ 时，变量之间无相关关系。

最后需要指出的是散布图本身只能定性地显示数据之间的关系，如果要研究定量关系，则必须使用回归分析法。

三、散布图应用的注意事项

（1）绘制散布图的数据应通过试验或在实际生产中得到，且数据应不少于 20 对。

(2) 应用散布图得到的回归方程,只能在某一个范围(即获得绘图数据的范围)内使用,超出范围则推断结论误差很大,甚至产生错误。

(3) 在作预测分析或控制分析时,注意选择的显著性水平。显著性水平越高,则预测结果的范围越大;反之,显著性水平低一些,则预测结果的范围就小许多。

第十二节 控 制 图

前面介绍的统计方法都是过程发生后,对质量数据进行静态的统计分析。为了实现预防为主的原则,许多情况下都需要在了解过去、分析现状的基础上预测未来的质量状况。控制图就是一种能在现场直接研究质量数据随时间变化的动态规律的方法。

一、定义

所谓质量控制图是一种根据假设检验的原理所绘制的生产过程中质量状况的一种记录图式,如图 5.20 所示。图上的横坐标表示样本号,纵坐标表示质量特性值或其特征值,图上由按时间顺序抽取的样本统计量的序列及根据抽样所得数据求出的中心线 CL(Central Line)、上控制界限线 UCL(Upper Central Line)和下控制界限线 LCL(Lower Central Line)组成。

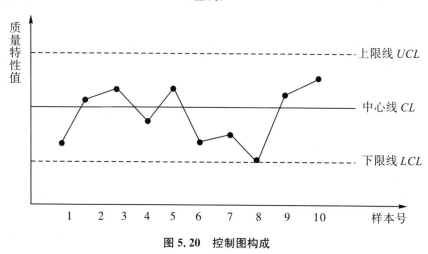

图 5.20 控制图构成

根据描点与中心线和上、下控制线的相对位置及其排列情况,鉴别过程中是否存在系统原因,分析、判断过程是否处于控制状态,可区分质量波动究竟是由随机因素引起,还是由系统因素引起,从而判明生产过程是否处于控制状态。可见,控制图是能够提供系统因素存在的信息,便于查明系统因素和进一步采取对策的一种统计工具。实际上,它像医疗用的听诊器、体温表一样是一种鉴别异常的统计工具,并不能直接作原因分析用,更不能作控制用。分析原因还需凭借固有技术、生产经验和其他统计方法。

二、应用

控制图之所以能获得广泛应用,主要是由于它能够对生产过程及时进行质量状况分析,使用方便,效果显著。具体来说,起到以下作用:

(1) 应用控制图可分析、判断生产过程的稳定性、受控性,有助于保持过程处于控制状态,从而起到防患于未然的作用。

(2) 应用控制图可评定工艺过程的状态。在早期发现生产过程的异常现象,查纠质量不稳定的根源,及时消除过程失控现象,预防不合格品的大量产生。因此,可减少废品和返工,从而提高生产率、降低成本和增加生产能力。

(3) 提供有关过程能力的信息。控制图可以提供重要的过程参数数据以及它们的时间稳定性,还可以观察质量的缓慢变异,这对产品设计和过程改进都是十分重要的。

(4) 借以确定设备和工艺装备的实际精度,以便做出正确的技术决策。

(5) 为质量评比提供依据。

三、原理

在前述有关章节里已经介绍,过程质量的异常波动是由于系统性原因造成的,正常波动是由于随机原因造成的。当从总体中抽取的样本量大于一定值时,质量数据都是服从或近似服从正态分布的。在分布中心 μ 两侧各为 3σ 的范围内所含面积为 99.73%,如果生产过程中只受随机因素的影响,该过程的产品质量数据应有 99.73% 落入 $\pm 3\sigma$ 范围内,即

$$P\{\mu - 3\sigma < X < \mu + 3\sigma\} = 99.73\%$$

如果有数据点落在 $\pm 3\sigma$ 范围以外,这种概率仅为 0.027%,为小概率事件。由于小概率事件在一次实验中实际上是几乎不可能发生的,因此可认为这是由于系统原因造成的,即生产过程处于失控状态,如图 5.21 所示。

如果把图 5.21 转一个角度变成图 5.22 的形状,则图 5.22 就是控制图的基本形状。其中,上控制线 $UCL = \mu + 3\sigma$,下控制线 $LCL = \mu - 3\sigma$,中心线 $CL = \mu$。

若把正态分布上质量数据点按抽样的时间序列排列,则得到如图 5.23 所示的控制图的原理图。

如果把质量控制界限放到该原理图上,则控制图可分为三个区域,即在质量控

制界限以外为废品区;在质量控制界限与上下控制线之间为警戒区,在该区域内质量状态已出现异常;在上下控制线之间如果点的排列是随机的,则为安全区,即质量符合要求。有关控制图的判别准则详见后述内容。

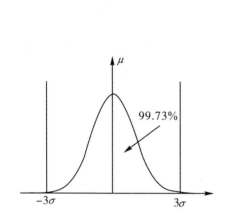

图 5.21　质量特性正态分布图与 3σ 准则　　图 5.22　正态分布与控制界限的关系

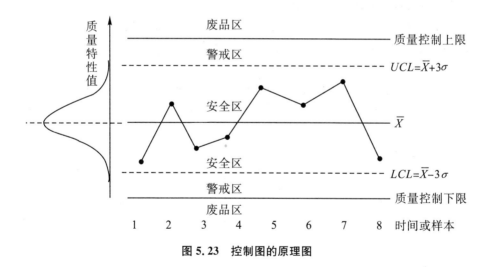

图 5.23　控制图的原理图

四、分类

根据产品质量的特性不同,分为计量值控制图和计数值控制图两大类。

用于计量值的控制图有:均值-极差控制图($\bar{x}$-R 图)、均值-标准差控制图($\bar{x}$-S 图)、中位数-极差控制图(x-R 图)、单值-移动极差控制图(x-R_S 图)。

用于计数值的控制图有:不合格品率控制图(P 图)、不合格品数控制图(nP 图)、单位不合格数控制图(μ 图)、不合格数控制图(C 图)。

五、控制图应用一般程序

以上八种常规控制图的应用程序基本上是相同的,只是各自的控制界限计算公式不同,下面以均值-极差控制图($\bar{x}$-R 图)为例,说明控制图应用一般程序。

1. 确定控制对象

在使用控制图时,应选择主要质量特性作为控制对象。一个过程往往具有许多特性,需要选择能够真正代表过程情况的质量特性。原则上讲,对于任何过程,凡需要对质量进行控制管理的场合都可以应用控制图。但所控制的过程必须具有重复性,即具有统计规律。对于只有一次或少数几次的过程显然难于应用控制图进行控制。

2. 选择控制图

控制图的选择主要根据所控制质量特性的数据性质,对于所确定的控制对象——质量指标应能够定量,这样才能应用计量值控制图。如果只有定性的描述而不能定量,就只能应用计数值控制图。

3. 收集数据,分组,填写数据表

为了真实地反映生产或服务等过程的质量状况,应抽取足够量的质量数据,以均值-极差控制图($\bar{x}$-R 图)为例,一般要大于 20 组,且每组至少有 3~5 个样本。

4. 计算统计量

不同的控制图所计算的统计量各不相同,应根据标准规定对质量数据进行统计计算。对均值-极差控制图($\bar{x}$-R 图),主要计算小组平均值 $\bar{x}$、小组极差 R、总平均值 $\bar{\bar{x}}$、极差平均值 $\bar{R}$。

5. 计算控制界限

若随机变量 X 服从正态分布,总体的分布中心为 μ,标准偏差为 σ 时,记为 $X \sim N(\mu, \sigma)$,样本分布的特征值 $\bar{x}$ 及 R 也服从正态分布,分别记为 $\bar{x} \sim N(\mu, \sigma/\sqrt{n})$,$R \sim N(d_2\sigma, d_3\sigma)$。式中 d_2, d_3 分别是与样本量有关的系数,可参阅有关资料查找,下同。由此可推导出均值-极差控制图($\bar{x}$-R 图)的控制界限。

(1) 均值 $\bar{x}$ 图

中心线

$$CL = \bar{\bar{x}} = \frac{1}{m}\sum_{i=1}^{m} \bar{x}_i$$

式中,$\bar{x} = \frac{1}{n}\sum_{i=1}^{n} x_i$;$m$ 为样本组数目;n 为每一组的样本数目。

上控制线

$$UCL = \bar{\bar{x}} + 3\sigma_x$$

而根据概率论的中心极限定理,样本分布的标准差 σ_x 与总体分布的标准差 σ

有如下关系：$\sigma_{\bar{x}}=\dfrac{\sigma}{\sqrt{n}}$，这样极差的平均值 $\bar{R}=d_2\sigma$ 可转化为 $\sigma=\dfrac{\bar{R}}{d_2}$，则 $\sigma_{\bar{x}}=\dfrac{\bar{R}}{d_2\sqrt{n}}$，把此关系式代入上控制线 $UCL=\bar{\bar{x}}+3\sigma_{\bar{x}}$ 公式中，可得

$$UCL = \bar{\bar{x}} + 3 \cdot \dfrac{\bar{R}}{d_2\sqrt{n}}$$

令 $A_2=3\cdot\dfrac{1}{d_2\sqrt{n}}$，$d_2$，$A_2$ 是与样本量 n 有关的系数，可由表5.33查出。则

$$UCL = \bar{\bar{x}} + A_2\bar{R}$$

根据上述推导思路，下控制线 $LCL=\bar{\bar{x}}-3\sigma_{\bar{x}}$ 为

$$LCL = \bar{\bar{x}} - A_2\bar{R}$$

即

$$CL = \bar{\bar{x}}, \quad UCL = \bar{\bar{x}} + A_2\bar{R}, \quad LCL = \bar{\bar{x}} - A_2\bar{R}$$

表5.33 控制界限系数表

n	A_2	D_4	D_3	d_2	d_3
2	1.880	3.267	—	1.128	0.853
3	1.023	2.575	—	1.693	0.888
4	0.729	2.282	—	2.059	0.880
5	0.577	2.115	—	2.326	0.864
6	0.483	2.004	—	2.543	0.848
7	0.419	1.924	0.076	2.704	0.833
8	0.373	1.864	0.136	2.847	0.820
9	0.337	1.816	0.184	2.970	0.808
10	0.308	1.777	0.223	3.173	0.970

（2）极差 R 图

中心线

$$CL = \bar{R}$$

式中，$\bar{R}=\dfrac{1}{m}\sum\limits_{i=1}^{m}R_i$；$m$ 为样本组数目。

上控制线

$$UCL = \bar{\bar{x}} + 3\sigma_R$$

而 $\sigma_R=d_3\sigma$，$\sigma=\dfrac{\bar{R}}{d_2}$，则 $\sigma_R=\dfrac{d_3\bar{R}}{d_2}$，把此关系式代入上控制线 $UCL=\bar{\bar{x}}+3\sigma_R$ 公式中，可得

$$UCL = \bar{R} + 3\cdot\dfrac{d_3}{d_2}\bar{R} = \left(1 + 3\cdot\dfrac{d_3}{d_2}\right)\bar{R}$$

令 $D_4=1+3 \cdot \dfrac{d_3}{d_2}$，$D_4$ 是与样本量 n 有关的系数,可由表 5.33 查出。则

$$UCL = D_4 \overline{R}$$

根据上述推导思路,下控制线 $LCL=\overline{\overline{x}}-3\sigma_R$ 为

$$UCL = \overline{R} - 3 \cdot \dfrac{d_3}{d_2}\overline{R} = \left(1 - 3 \cdot \dfrac{d_3}{d_2}\right)\overline{R}$$

令 $D_3=1-3 \cdot \dfrac{d_3}{d_2}$，$D_3$ 是与样本量 n 有关的系数,可由表 5.33 查出。则

$$LCL = D_3 \overline{R}$$

注意：当 $3 \cdot \dfrac{d_3}{d_2}>1$ 时, $D_3<0$，但是极差 R 不可能为负数,此时, R 控制图不考虑下控制限,记为 $LCL=—$，表示不考虑。

这样极差 R 控制图的中心线和上下控制线的计算公式分别为

$$CL = \overline{R}, \quad UCL = D_4\overline{R}, \quad LCL = D_3\overline{R}$$

6. 根据测量的质量数据和计算的控制线作图

7. 对控制图进行质量判定

【例 19】 磨削某工件外圆时,图纸要求外径为 $\phi 52_{-0.14}^{-0.11}$，每隔一定时间测定一组数据,共测得 12 组 60 个数据,如表 5.34 所示。绘制该批零件的质量控制图并分析该工序的加工稳定性。

表 5.34 工件外径尺寸偏差

x_1	x_2	x_3	x_4	x_5	x 小组平均值	小组最大值	小组最小值	R 小组极差
51.862	51.868	51.872	51.872	51.878	51.870 4	51.878	51.862	0.016
51.880	51.868	51.866	51.872	51.868	51.870 8	51.88	51.866	0.014
51.874	51.868	51.858	51.868	51.872	51.868	51.874	51.858	0.016
51.866	51.87	51.87	51.872	51.87	51.869 6	51.872	51.866	0.006
51.876	51.88	51.876	51.878	51.88	51.878	51.88	51.876	0.004
51.876	51.87	51.872	51.88	51.876	51.874 8	51.88	51.87	0.01
51.870	51.878	51.876	51.872	51.886	51.876 4	51.886	51.87	0.016
51.878	51.888	51.878	51.880	51.878	51.880 4	51.888	51.878	0.01
51.882	51.876	51.872	51.876	51.872	51.875 6	51.882	51.872	0.01
51.878	51.886	51.884	51.884	51.884	51.883 2	51.886	51.878	0.008
51.888	51.886	51.892	51.888	51.888	51.888 4	51.892	51.886	0.006
51.890	51.894	51.890	51.898	51.896	51.893 6	51.898	51.89	0.008

总平均值 $\overline{\overline{x}}=51.877\,4$，总标准差 $\sigma_x=0.085\,5$，极差 $\overline{R}$ 平均值 $=0.010\,3$。

每一组的样本数目 $n=5$，则系数 $A_2=0.58, D_4=2.11, D_3=2.11$。

$\bar{x}$ 图：

$$CL = \bar{\bar{x}} = 51.8774$$
$$UCL = \bar{\bar{x}} + A_2\bar{R} = 51.8774 + 0.58 \times 0.0103 \approx 51.8834$$
$$LCL = \bar{\bar{x}} - A_2\bar{R} = 51.8774 - 0.58 \times 0.0103 \approx 51.8714$$

R 图：

$$CL = \bar{R} = 0.0103$$
$$UCL = D_4\bar{R} = 2.11 \times 0.103 = 0.0217$$
$$LCL = D_3\bar{R} = 0$$

分析：从 $\bar{x}$ 图（图 5.24）可知，前 4 点和后 2 点都明显超出控制限，说明工艺过程是不稳定的，有异常因素起作用。图 5.25 为 R 图。

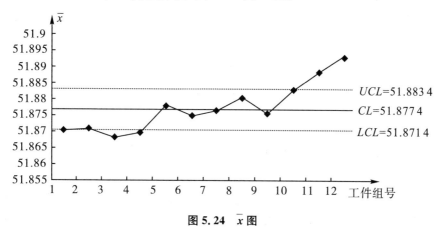

图 5.24 $\bar{x}$ 图

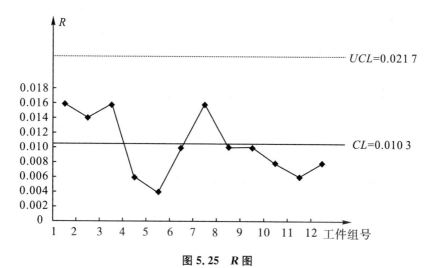

图 5.25 R 图

下面进行工序能力指数及废品率计算：

计算工序能力指数

$$C_p = \frac{T}{6\sigma} = \frac{(52-0.11)-(52-0.14)}{6 \times 0.00855} = 0.585$$

公差中心

$$M = \frac{T_u + T_l}{2} = \frac{(52-0.11)+(52-0.14)}{2} = 51.875$$

偏移量

$$\varepsilon = |M - \bar{x}| = |51.875 - 51.877| = 0.002$$

相对偏移量

$$k = \frac{\varepsilon}{T/2} = \frac{0.002}{0.03/2} = 0.133$$

修正工序能力指数

$$C_{pk} = C_p(1-k) = 0.585 \times (1-0.133) = 0.507$$

废品率

$$\begin{aligned} Q &= 1 - \varphi(3C_{pk}) + \varphi[-3C_p(1+k)] \\ &= 1 - \varphi(3 \times 0.507) + \varphi[-3 \times 0.585 \times (1+0.133)] \\ &= 1 - \varphi(1.521) + \varphi(-1.988) = 8.04\% \end{aligned}$$

六、控制图的分析与判断

要达到控制工序的目的,不仅要画出正确无误的控制图,还要正确地判断控制图,及时从控制图上获得工序是否异常的信息,用控制图识别生产过程的状态,主要是根据样本数据形成的样本点位置以及变化趋势进行分析和判断。其结果只有两个,一是受控状态,二是失控状态。

1. 控制图的受控状态(正常状态)

如图 5.26 所示,如果控制图上所有的点都在控制界限以内,而且排列正常,说明生产过程处于统计控制状态。这时生产过程只有偶然性因素影响,在控制图上

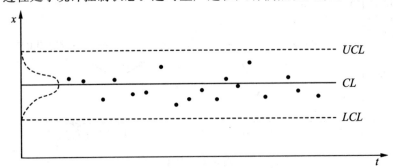

图 5.26 控制图的受控状态(正常状态)

的正常表现如下：

① 所有样本点都在控制界限之内。
② 样本点均匀分布，位于中心线两侧的样本点约各占 1/2。
③ 靠近中心线的样本点约占 2/3。
④ 越接近控制限的点越稀疏，越接近中心线的点密度越大。

2. 控制图的失控状态（非正常状态）

生产过程处于失控状态的明显特征是有一部分样本点超出控制界限。除此之外，如果没有样本点出界，但样本点排列和分布异常，也说明生产过程状态失控。

在实际应用方面，点的排列异常有许多种具体的表现形式，典型失控状态有以下几种情况。

（1）链状

点连续出现在中心线的一侧，如图 5.27 所示。

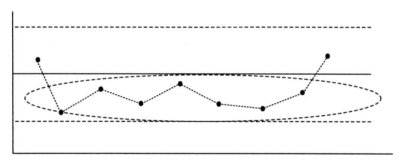

图 5.27　中心线一侧出现 7 点链

① 当连续出现 5 点在中心线的一侧时，应注意其发展状况，当出现 6 点时，应开始调查原因。

② 当连续出现 7 点在中心线的一侧时，应判断为异常，并采取措施解决。P 在中心线一侧出现 7 点链 $=0.5^7=1/128=0.007\,812<1\%$。

数理统计中把出现概率小于 1 的事件称为小概率事件，小概率事件的可能性极小。根据小概率原理，应当把出现"7 点链"的工序判定为"异常"状态。

（2）偏离

偏离是指较多点间断地出现在中心线的一侧，如图 5.28 所示。

① 连续 11 点中至少有 10 点出现在中心线的一侧。
② 连续 14 点中至少有 12 点出现在中心线的一侧。
③ 连续 17 点中至少有 14 点出现在中心线的一侧。
④ 连续 20 点中至少有 16 点出现在中心线的一侧。

以上几种情况的出现都属于小概率事件，一旦发生说明生产状态失控。

（3）接近

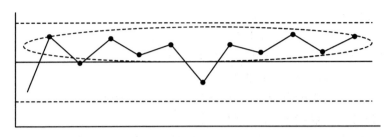

图 5.28　较多点间断地出现在中心线的一侧

接近是指点在上下控制界限附近多次出现,如图 5.29 所示,即点连续不断地在样本统计量的两倍标准偏差和三倍标准偏差的区域内出现,这类情况的出现也都属于小概率事件,一旦发生说明生产状态失控。一般有下列几种情况:

① 连续 3 点中至少有 2 点接近控制界限。
② 连续 7 点中至少有 3 点接近控制界限。
③ 连续 10 点中至少有 4 点接近控制界限。

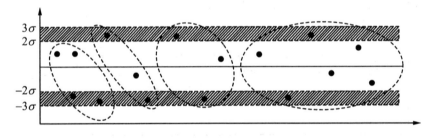

图 5.29　点接近上下控制界限

(4) 倾向

倾向是指点的连续上升或连续下降,如图 5.30 所示。

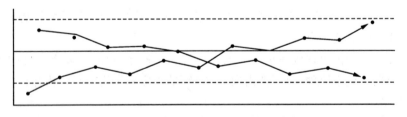

图 5.30　连续有 7 个以上的点有倾向性变化趋势

当连续出现 7 点连续上升或连续下降时,应判断为异常,并采取措施解决。

在正常状况下,后一个质量特性值比前一个质量特性值大(或小)的概率为 0.5。当有 7 个连续的特性值较前一个大(或小)时的概率值是 $0.78\% < 1\%$,是小概率事件,一旦发生说明生产状态失控。

(5) 周期

周期是指点的上升或下降出现明显的一定间隔,呈周期性变化。

当控制图上的点排列呈周期性变化时,情况比较复杂,不能轻易下生产过程为正常或异常的结论。由于周期性很难掌握,故需较长时间收集到足够的数据才有可能通过直接观察而获得。看出数据变化的周期性后,要在弄清周期发生原因的基础上慎重地判断工序是否出现异常。

第六章　如何实施六西格玛管理

从世界上实施六西格玛管理的实践来看,六西格玛管理模式有两大类型:一类是 6σ 业务流程改进模式,指的是针对企业现有流程或产品/服务做改善,主要是对产品/流程缺陷的产生原因利用有关工具和方法进行持续的改进,最大限度地消除缺陷,使产品/流程趋于"完美"。整个过程由五个阶段组成,即界定、测量、分析、改进和控制,简称 DMAIC。据国外调查统计,当改进使流程或产品质量水平达到约 4.8σ 水平时,就再难以突破,这就是人们常说的"五西格玛墙"。这说明通过六西格玛 DMAIC 对流程的改进还是有极限的,就是在制造或服务过程中一点都"不走样",产品的质量也不会超过设计的预期固有质量。试想如果产品设计时并没有赋予其高的质量(6σ 的质量),要想通过过程改进来实现六西格玛的质量那是不可能的,当然可通过增加投入在一定程度上提高绩效,但仍难达到预期效果。为此,6σ 设计便应运而生了,这是六西格玛管理的第二大类模式。6σ 设计也是由五个阶段组成的,即界定、测量、分析、设计和验证,简称 DMADV。6σ 设计一方面是对现有流程的再设计,另一方面对业务、新产品一开始就用 6σ 设计。本书将以 6σ 业务流程改进模式即 6σ 突破性改进作为重点内容介绍。

实施 6σ 突破性改进有三个关键的要素,即 6σ 策划(PFSS)、6σ 组织(OFSS)、6σ 改进(IFSS+DFSS),如图 6.1 所示。

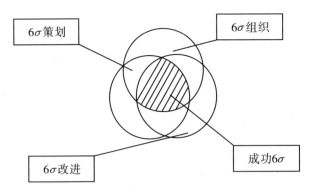

图 6.1　6σ 管理三部曲

第一节　六西格玛策划

六西格玛突破性改进的成功,取决于项目的选择。实施六西格玛策划,可以确保项目的正确选择。有效的策划应选择对顾客、员工以及组织最有效益的项目进行。在六西格玛管理中,找出有价值的并且自身有能力完成的项目是实施六西格玛的关键,是决定成功与否的前提。因此,在项目开始准备阶段,就要运用科学的方法和工具,认真策划,找好找准项目,以确保项目的成功。

一、什么是六西格玛项目

简单地说,六西格玛项目是列入时间表的用一系列指标设定目标和监控进程待解决的问题。每一个六西格玛项目都要在预定的时间内解决一个预定的问题,并实现预定的目标。这里所说的问题是生产经营过程中需要解决的问题,是企业为了获得市场占有率,提升顾客满意度,增加利润等需要有效解决的问题。一般将这类问题分为两类,即解决方案已知和解决方案未知。前者只要按方案实施即可解决问题。后者才是六西格玛管理中关注的对象。因为在生产经营过程中,存在大量解决方案未知或者最佳解决方案未知的问题。比如提高某项产品的生产能力,缩短某项服务的周期,降低某种备件的库存及加快某部门资金的周转等。而有些似乎已经有了解决问题的方案,并不一定是有效的,更不一定是最优的。例如应用新的计算机网络来适应组织的某项需要;更换一种材料来解决产品性能或质量问题;购置一台新设备来解决制造过程中的某项生产能力的问题;或投资一个新的工艺装备来满足市场需要等。这些解决方案的共同特点是都需要投入资金。事实上它们并不一定是最佳解决方案。因为它们解决的也许是问题的表象,是头疼医头、脚疼医脚的下策。总之,无论是查找问题出现的原因,还是寻求解决问题的最佳方案,最适合用六西格玛项目来解决。因为六西格玛管理有一套科学、严格的问题识别、诊断、分析、评价以及解决问题的思路和系统工具。

二、准确选择六西格玛项目

选准项目是成功的一半。选择项目是展开六西格玛的第一步,项目选择正确与否,是决定六西格玛管理成败的关键。项目选择得当,能够保证项目的顺利进展和收效,增强组织开展六西格玛管理的信心,获得各个方面更多的支持。而如果项目选择的不合适,可能事倍功半、事与愿违,甚至导致推进六西格玛管理中途夭折。

借鉴国外成功推进六西格玛管理的经验,六西格玛的项目选择一般从以下几个方面重点考虑:

① 战略实施的关键点。
② 顾客关注的或投诉的热点。
③ 统计数据的异常点。
④ 经济效益的增长点。
⑤ 相对于竞争对手的薄弱点。
⑥ 部门之间的矛盾点。

三、六西格玛项目的信息来源及项目分布规律

通过前面有关章节的介绍,大家可能对做六西格玛项目有一定的兴趣和信心。但如何寻找六西格玛项目呢?其实六西格玛项目处处皆有。下面介绍项目的信息来源及项目分布规律。

1. 项目的信息来源

(1) 外部信息来源
- 顾客意见:顾客满意度调查、顾客投诉记录、顾客访问等。
- 市场调查:市场反应、市场分析报告、法规法令的变化等。
- 竞争对手比较:竞争对手比较分析报告、与竞争对手相比的弱项等。

(2) 内部信息来源
- 质量分析报告:返工、返修量大的流程,工作中发现的问题。
- 质量审核报告:在内、外审核中发现的问题。
- 财务分析报告:劣质成本突出的环节,内部出现的报废问题等。
- 企业方针目标诊断报告:顾客抱怨、投诉的热点,统计数据中的异常点,生产经营活动中经常发生的冲突点等。

2. 项目分布规律

(1) 质量缺陷类项目
- 返工、返修率、废品、次品率等内部质量问题。
- 退货或拒收的产品等外部质量问题。
- 工艺参数的不稳定、账单差错等问题。

(2) 资源效率类项目
- 能耗效率:企业的能耗、营运成本等。
- 设备效率:设备的利用率、增值效率、故障率、非故障停机时间等。
- 资金效率:资金的周转效率、资金回笼周期等。
- 人员效率:劳动效率、人员流失率等。

- 原材料效率:利用效率、库存周转率、呆滞物料的比率、采购周期与成本等。
（3）顾客抱怨类项目
- 顾客抱怨、顾客投诉、交货准时性不好、服务质量差等。

四、如何筛选和选择六西格玛项目

按照上面介绍的项目信息来源及项目分布规律,任何组织都可以通过努力找到一大批六西格玛项目。但如何从大量的项目信息中筛选出有价值的六西格玛项目需要遵循一定的原则和评价标准。

1. 项目选择原则

（1）三"M"原则

① Meaningful——有意义的。这里的有意义是指所选的项目对顾客和组织都有价值,能够实现双赢,而失去任何一方的价值,项目都是毫无意义的,这是选择项目中必须首先把握的原则。

② Manageable——可管理的。在许多情况下,人们可能会选出很多有意义的项目,但有没有能力完成就是一个大问题了。因此,项目的选择既要考虑有意义,又必须是通过努力能够完成的。以摘苹果为例,掉在地上的或唾手可得的苹果(项目)一般没什么价值,因为食之无味,要么已腐烂,要么不甜不大,没人有兴趣,而长在树尖上又甜又大的苹果(项目)一般人又很难够到。因此这两类性质的项目一般都不能作为六西格玛管理中的项目,而只有那些经过努力,跳一跳或借助一定的工具能够摘下的苹果(项目)才是六西格玛管理中应该选择的项目。

③ Measurable——可测量的。对于任何一个既有意义又能完成的项目,其结果和原因都应该能用指标进行量化评价。否则,很难说清楚项目做得怎么样,有多少财务回报,和竞争对手相比项目水平处在什么位置,项目本身还有多大的改进空间等,这些指标都应该是可测量的。没有测量就没有科学,也就让人难以信服。

（2）SMART 原则

在前面有关章节里曾指出,6σ 管理的理论模型为 $Y=f(x)$,如图 6.2 所示。其中 Y 是根据顾客需要的质量目标或关键质量特性 CTQ 所确定的改进项目指标,x 为影响因素。通过对 x 的深入研究,找出成功因子,从而对目标进行改进和优化。因此从六西格玛管理的理论模型 $Y=f(x)$ 出发,在选择项目时,还要遵循以下原则:

① S(Simple)——简单的。项目要简单明了,对顾客需要的关键质量特性 CTQ 或自身产品"缺陷"是什么界定得非常清楚,目标要非常明确。

② M(Measurable)——可测量的。项目要解决问题的原因和结果可以用数量表达,具体的要对关键输出变量 Y 和影响因素 x 都能进行量化。

③ A(Agreed)——商定的。做六西格玛项目不能单纯地靠行政命令,更不能靠利益妥协被动接受。只有上下协商一致共同认准的项目,才会同心协力、投入热情、付出智慧和努力去攻克难关来完成项目。

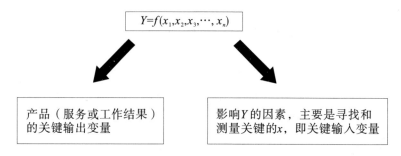

图 6.2　6σ 管理的理论模型 $Y=f(x)$

④ R(Reasonable)——合理的。指所选择的项目要兼顾可行性和先进性,既有先进性,又有成功的可能性。

⑤ T(Time)——时间性。做六西格玛项目不能遥遥无期,要在一定时间内能实现。从国际上实施六西格玛项目的实践看,一般一个六西格玛项目在 3～6 个月内完成。

2. 项目评价标准

任何六西格玛项目的目的都是为了提高顾客满意度和企业的收益。六西格玛项目定义是由职责明确的团队通过运用六西格玛过程改进方法(DMAIC)在规定的时间内寻找最佳解决方案并实现预定的目标。为了选择一个好的六西格玛项目,建立综合的、科学的项目评价指标体系是必要的。对六西格玛项目的评价标准可参考以下几项指标:

(1) 顾客满意度

六西格玛质量的定义有两个基本点:一是产品特性让顾客满意,二是在此前提下避免缺陷。因此,过去企业许多常用的评价指标,如劳动工时、成本和销售额等都与顾客真正所关心的无关。让顾客满意,其基础是要掌握什么是顾客的期望和需求。用六西格玛语言来阐述,顾客的需求和期望称为关键质量特性CTQ。因此在选择项目时应该用六西格玛业绩度量指标来检查在满足顾客需求方面的质量水平。尤其是对顾客满意度比较低的产品或服务,应该作为六西格玛项目。

(2) 劣质成本多少

六西格玛管理的一大特点就是用财务的语言来阐述现状水平和改进的绩效,用财务指标将业绩转换成财务效益,劣质成本是一个十分有效的方法。劣质成本的多少既反映了企业管理的水平,又反映了企业的盈利状况,也间接反映了业绩改进的空间。在六西格玛管理中,降低劣质成本可作为经济尺度,衡量企业经营过程中的缺陷消减程度。因此,在选择六西格玛项目时,应对现行的流程、产品或服务的劣质成本与收入相比较,度量一下劣质成本在总成本中占的比重,以决定是否需要对此项目开展六西格玛活动。劣质成本的识别过程如图 6.3 所示。

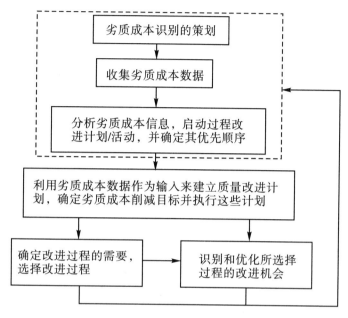

图 6.3 劣质成本的识别过程

（3）过程要素

过程要素包含两层含义,一是指对过程能力进行分析,根据过程能力的大小总体上决定是否作为六西格玛项目。二是指当过程能力低,生产的产品废品率较高以至于不能满足顾客需求时,需要改进的是顾客非常需要的关键输出变量(关键质量特性)Y 值,了解、识别顾客需求和期望的关键输出变量 Y 和关键输入变量 x 是组织实施六西格玛项目的出发点。

（4）增值能力

摩托罗拉和通用电气推行六西格玛管理之所以成功,是因为他们发现了企业中还有一个不增值的"隐蔽工厂"。事实上,无论是制造业,还是服务业,其生产和服务过程经常会出现一个"隐蔽工厂",应最大限度地减少直至消除。因此,减少以致消灭"隐蔽工厂"是六西格玛管理的一项重要指标。为此,在选择六西格玛项目时,都要对现实存在的"隐蔽工厂"进行度量。即用第四章介绍的首次合格率 FTY、流通合格率 RTY 并转换产品或流程达到的 σ 水平来评价"隐蔽工厂"的严重程度及可增值空间,以此决定是否将产品或流程的某个环节作为六西格玛管理的项目。

五、项目选择评价程序

六西格玛项目的评价应形成一套规范的程序,一般在对顾客满意度、劣质成本、过程能力、增值能力各有一个基本评估的基础上，依照图6.4程序对项目选择展开评价。

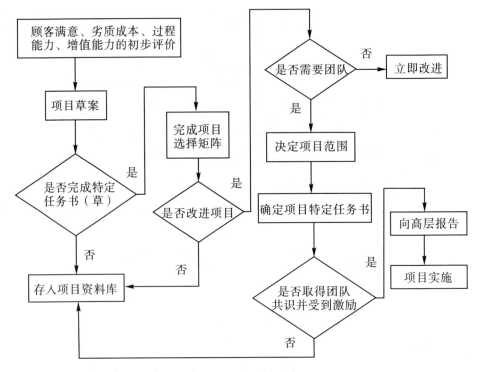

图6.4 六西格玛项目选择评价程序

第二节 六西格玛组织

实施六西格玛管理的重要行动就是要在组织内形成一个以六西格玛质量水平为目标的组织系统。这个组织系统由执行官、倡导者、黑带大师、黑带、绿带等组成，并分为三个层次。其组织系统如图6.5所示。六西格玛团队的这些职务级别是借用跆拳道的术语。这是因为跆拳道与六西格玛战略有相似之处。两者都借用脑力训练和系统的强化培训，就像跆拳道中的黑带依靠力量、速度、果断、智慧一样，六西格玛黑带具有依赖组织的资源、自己的投入、专门知识和实施各个方案并快速完成任务的能力。

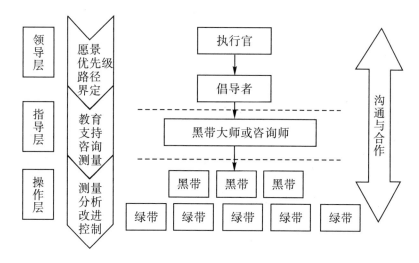

图 6.5 管理组织系统示意图

一、每个层次的主要职责

领导层:制定规划,设定目标,提供资源,审核结果。
指导层:组织培训,确定项目,指导推动,检查进度。
操作层:按照 DMAIC 方法开展项目改进活动。

二、各个人员的主要职责

1. 执行官

六西格玛管理是由组织最高管理者推动的,所以执行官一般由组织最高领导人担任。其在六西格玛管理中负有以下职责:

(1) 确定改进组织业绩的最佳机会,为组织设置战略目标和组织业绩的度量系统,建立实现目标的责任分工。

(2) 资源配置,在组织中建立促进应用六西格玛管理方法与工具的环境。

(3) 批准项目和确定项目的主要领导人。

(4) 支持项目的进展和监督进度。

2. 倡导者

倡导者,也叫冠军、导师或盟主,一般由组织高层领导人之一担任。倡导者是实施六西格玛的组织中的关键角色,是六西格玛项目的领导者。其主要职责是:

(1) 保证项目与企业的整体目标一致。

(2) 制定项目选择标准,核准改进方案。

(3) 为黑带团队提供和争取必要的资源。

(4) 负责六西格玛管理实施中的沟通,协调与其他六西格玛项目之间的矛盾。
(5) 评价已完成的项目。
(6) 向执行领导报告六西格玛管理的进展。

3. 黑带大师

黑带大师是六西格玛管理的专家,是六西格玛项目的主要负责人,担任教练员角色,本身受过专业系统的培训,是从成功的黑带中选拔产生的。他们为倡导者提供六西格玛管理咨询,为黑带提供项目指导与技术支持。其主要职责是:

(1) 挑选、培训、指导黑带和绿带,确保他们掌握了适用的工具和方法。
(2) 协助倡导者和管理层选择和管理六西格玛项目。
(3) 为黑带和绿带的六西格玛项目提供指导。
(4) 向倡导者和执行官提供决策咨询意见。
(5) 担任改进方法的内部咨询者和专家。

4. 黑带

黑带这个词来源于柔道或跆拳道,是对练功人"功夫"等级的一种认证。对于初学者来说,腰带是白色或黄色的,他们要学习和掌握柔道或跆拳道的基本功法,但还不具备实战能力。只有经过若干场实战并取得了一定的战绩之后,才能系上黑腰带。也只有在这时,练功者对如何在实战中运用基本功法才有自己的体验。将"黑带"这个词移用于六西格玛管理中是非常贴切的。六西格玛黑带不是"学历"等级,而是运用六西格玛方法解决实际问题的"功力"等级。黑带是专门从事六西格玛项目的技术骨干,是六西格玛项目中最关键的职位。其主要职责是:

(1) 在倡导者和黑带大师的指导下,识别过程改进机会,界定六西格玛项目。
(2) 指导和培训绿带,领导六西格玛项目团队,实施并完成六西格玛项目。
(3) 开发并管理项目计划,建立评价制度。
(4) 担任项目与财务部门之间的桥梁,核算项目节约的成本与收益。
(5) 向倡导者和管理层报告六西格玛项目的进展。
(6) 评价已完成的项目,完成项目总结。

5. 绿带

六西格玛绿带是组织中经过六西格玛管理方法与工具培训的、结合自己的本职工作完成六西格玛项目的人员,是完成六西格玛项目的第一线员工。其主要职责是:

(1) 接受六西格玛管理的基本培训。
(2) 完成黑带分配的工作。
(3) 收集数据资料,寻找分析原因。
(4) 实施项目改进。

三、如何选择黑带大师和黑带

在实施六西格玛战略过程中,黑带大师和黑带是核心角色,他们是关键的"场上队员",需要"真刀真枪"地为组织解决实际问题,而且这些问题很多是长期得不到解决的难题。要想成为黑带大师或黑带,必须同时具有管理和技术两方面的才能。一方面,必须具备领导能力,善于领导和协调,有带领团队工作的经验。另一方面,必须具备较强的工作实践经验,具有比较扎实的应用统计工具的基本功。更重要的是,他们必须充满信心地认同六西格玛的管理理念,热情、执著且不怕困难。只有具备这些素质的人才可承担起黑带和黑带大师的重任。黑带和黑带大师需要接受六西格玛系统完整的培训。一般情况下,黑带的培训要有4个月左右,每月要进行1周的六西格玛实际问题解决方法训练。

四、需要多少黑带大师、黑带和绿带

在一个组织内究竟需要多少黑带大师、黑带和绿带并没有统一的标准。这与组织推进六西格玛的需要和力度有关,也与组织的推进速度有关。一般地说,加大推进力度和速度的最好方式之一,就是加大这些关键角色的培训力度。通过培训,快速地形成黑带大师、黑带和绿带这一关键群体,以此来推进六西格玛项目的实施并较快地获得回报。组织可以根据预期完成的项目数量和期望产生的回报,估计出需要部署的黑带大师和黑带的数量。国外有关推行六西格玛的资料表明,一般每100名员工中至少有1位黑带;每10~15位黑带中有1位黑带大师;尽可能多的员工都应该接受六西格玛方法的培训,成为绿带。当然,这只是一般的考虑。杜邦、卡特比勒和陶氏化工已明确表示,这样的力度不能满足他们的推进要求,他们的黑带和黑带大师的比例已达到员工总数的3%以上。而通用电气在推进六西格玛管理的第一年,黑带大师和黑带人数已达到员工总数的1%;第三年,黑带和黑带大师的比例超过3%,绿带的比例超过了60%,目前一些部门已经有40%以上的高级经理有黑带经历。这些数据可供组织在考虑黑带大师、黑带和绿带的部署时参考。

五、一位黑带一年要完成多少项目

一般黑带在初次参加培训时应专注于一个项目,在完成培训并取得经验后,可增加项目的数量。有经验的黑带,可以同时指导3~4个项目团队来完成项目工作。

国外一些企业规定,一位黑带一年需要完成5~7个六西格玛项目,完成的项目收益要达到100万美元以上。当然,每位黑带每年实际能完成的项目数量与黑带的经验、能力以及项目的复杂程度和项目团队的经验有关,这些也都应该在确定黑带每年工作量时考虑。另外一些企业,将黑带的主要工作集中在选择项目上。前已指出,项目选择的好坏是非常关键的。项目选择得好,给企业带来的回报大且容易实现;相反,如果项目选择得不好或不合理,则浪费资源。项目选择是一项花费精力的事,需要对数据进行收集、整理和分析,特别是一些项目还需要建立合理的量化测量指标等。根据经验,很多时候需要花上项目工作所需时间的一半来选择、定义和界定项目。所以,有些企业将黑带集中在项目选择的工作上。一旦项目选择和界定清楚,并确定了项目目标,其余的工作则分配给绿带完成,黑带只需提供指导即可。所以,黑带的工作量要根据企业的实际情况和对黑带的安排而定,这里没有绝对的标准。

第三节 六西格玛改进

六西格玛管理的魅力不仅在于它强调西格玛水平来定量衡量过程的波动,而且还在于它将西格玛水平与输出结果的缺陷率对应起来。经过发展演变,它在PDCA 循环的基础上,提出了一套用以支持过程改进的方法模式,即 DMAIC 模式,它是五个阶段的总称,即由界定或定义(Define)、测量(Measure)、分析(Analyze)、改进(Improve)、控制(Control)五个英文单词的首写字母组成。五个阶段构成六西格玛管理个性化的改进模式,正确实施 DMAIC 模式是实现六西格玛管理的关键。

DMAIC 模式的基本思路是:从调查顾客需求开始,了解既是顾客所关心的又是组织能够赢利的共性问题,从而确定所要研究的关键产品质量特性 CTQ,并转化为确定实施项目的关键输出变量 Y。通过对现状进行测量,找出差距,寻求改进空间,确定改进的目标。然后寻找影响关键输出变量 Y 的各种因素 x,并从中确定少数的关键因素,即关键输入变量 x。在此基础上,建立起关键输出变量 Y 与关键输入变量 x 的数学模型 $Y=f(x)$。通过改进关键输入变量 x 以对关键输出变量 Y 进行优化,进而将此统计方法转换为现实方案。最后通过状态监控,使优化结果长期保持。上述思路可以用图 6.6 表示。

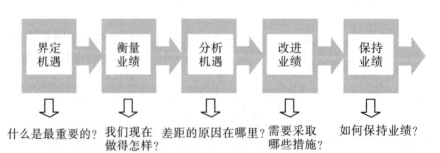

图 6.6 DMAIC 模式的基本思路

一、界定

界定是实施六西格玛项目的首要工作,界定阶段的工作目的是通过获取客户心声 VOC,并将客户心声 VOC 转化分解为关键质量因子 CTQ,再通过流程分析、数据分析、因果分析等方法逐步确定影响客户满意度的关键输出变量 Y,作为项目改善的重点。为此,界定阶段必须抓住一些关键问题:我们现在做什么?为什么要解决这个特别的问题?顾客是谁?顾客的需求是什么?我们过去是怎样做的?所花费的成本是多少?现在改进这项工作将获得什么益处?在对上述问题分析透彻的基础上,形成如下的工作内容:

1. 识别顾客的关键需求

六西格玛管理项目要解决的问题,是由顾客的需求转化而来的,所以要清晰准确地界定项目要解决的问题,必须首先识别顾客的需求。一般顾客需求的自我描述具有模糊性。例如,顾客需要某种移动电话开机后能快速启动、功能多、带电时间长等。作为六西格玛管理项目,应把顾客需求转化为"过程输出需求",即在过程结束时,将有产品或服务的新的质量特性输出给顾客。如上例中的移动电话,其"过程需求"应明确地表示为数值"在 30 秒内完成启动"。为了达到这一目的,对过程的要求应是"集成电路板设计要满足信号传递的要求"。这种需求的明确表述有利于六西格玛管理项目的有序展开。

为了真正把握顾客需求,就要建立顾客反馈系统,倾听和了解"顾客的声音"。许多情况下,需要在顾客调查的基础上,对顾客需求进一步展开,以便将其转化为具体可测量的要求,并细化到团队可以把握的层次,便于项目工作的开展。为此可借助过程关键质量特性 CTQ 树图展开。一个 CTQ 的树图的展开过程将从一般的顾客要求开始逐层展开至具体的过程输出要求,或者说从难以测量的特性逐步展开至容易测量的特性,而这些可量化的变量可以视为过程输出 Y 的关键测量值。一般说来,将一般需求展开到过程关键质量特性 CTQ,需要经过 2~3 个层次的展开。

构建 CTQ 树图的步骤如下:识别顾客、识别顾客需求、逐层细化到适当的层次。通过确认这些要求以确保 CTQ 树图反映顾客要求。

在 CTQ 树图展开的基础上,团队需要针对项目关注的 CTQ 选择适当的测量指标。图 6.7 是订餐服务的关键质量特性 CTQ 树图展开图。对快餐店的顾客来说,顾客要求的一个重要方面是交付速度,这个问题也是团队要重点解决的问题。可选择的测量指标是:(1) 订餐时间;(2) 上餐时间;(3) 结算时间。

2. 流程分析

通过前一步的分析,项目团队已经能够获取关键的客户需求。完成这一步工作之后,就应该审视组织的内部流程,看它能否满足客户的需求从而识别项目重点关注的内部流程,为此,可以借助 SIPOC 流程图来说明产品或服务的全过程。

SIPOC 图是描述项目的一个非常有用的工具,SIPOC 图又称高级过程流程图,它以简洁、直观的形式描述一个流程的结构和概况。为了说明过程有可能的波动偏差,应把所有人力资源、文件、程序方法、设备、原辅材料、设备和测量一起都包括在流程的说明中,以帮助项目团队界定过程的范围和过程的关键因素,确定若干关键输入变量、关键输出变量。

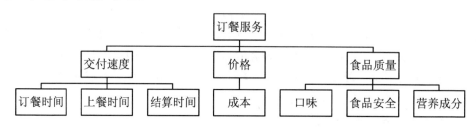

图 6.7 订餐服务的关键质量特性 CTQ 树图展开图

SIPOC 图说明了信息和物料来自何处,谁是供应商,供应商会向你提供什么,物料对生产过程和 CTQ 有什么影响,包括哪些主要处理过程,过程的结果是什么,过程的顾客或细分市场。值得指出的是顾客可能是最终顾客也可能是下一道工序。图 6.8 是 SIPOC 图的一个示例。该图描述了 PCBA 来料加工的典型过程。其中,供应商为物料供应商,输入为电子物料,过程为 SMT 贴片、插件、焊接、装配、测试、包装,输出为 PCBA 组件,顾客为电子产品制造商。

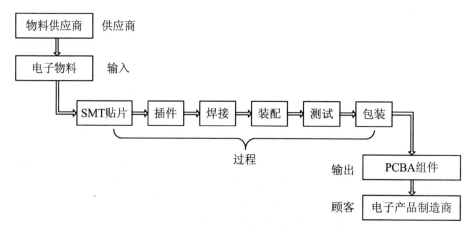

图 6.8 SIPOC 图示例

在绘制完流程图后,应对流程图进行充分的分析。重点关注以下几个方面:
(1) 产生过程输出缺陷或问题的重点关注区域在哪些环节或步骤上。
(2) 流程中的非增值步骤或环节在何处,如返工/返修环节或步骤等。
(3) 流程中是否有"瓶颈"存在。
(4) 流程中是否有缺失、冗余或者错误的步骤等。

3. 劣质成本分析

通过流程图的绘制,就可寻找为顾客增值、为组织增值及双赢的机会,同时也可对过程的劣质成本及缺陷进行分析。通过劣质成本分析,识别并记录那些对顾客关键的过程绩效和产品特性有影响的过程参数,以进一步明确在项目范围内可取得的过程绩效的经济技术指标。即在关注顾客满意的同时,应把项目的立足点集中在组织的财务贡献上。通过项目实施,最大限度地降低劣质成本。降低劣质成本不但要降低内外部故障形成的非符合性成本,还要降低非增值的符合性成本,这样才能体现六西格玛项目的意义。

4. 确定关键输出变量 Y

过程的输出变量往往很多,顾客的期望也是千差万别的,在众多的输出指标中找出既是顾客最关注的也是组织的盈利点的问题就显得格外重要了。通常情况下可以通过排列图按照缺陷发生的频率来识别"关键的少数"和"非关键的大多数",从而找出最重要的需要优先关注的问题,确定关键输出变量 Y。但在一些情况下,仅依照缺陷发生的频数来识别"关键"与"非关键"并不合理。对那些"一旦发生将造成客户极端不满意"与"即便发生顾客也不会太在意"的缺陷,可以采用加权排列图来确定最关键的过程输出变量。

5. 编制和完善项目立项表

编制和完善项目立项表或项目特许任务书是界定阶段工作的主要输出,项目立项表也称为团队宪章。团队在开始实施项目之前,立项表必须先由倡导者等领导批准。一个完备的项目立项表主要包括项目背景、问题陈述、目标陈述、团队构成、日程计划、项目的利益相关方分析等几个组成部分。

(1) 项目背景

在阐述项目背景时,需要回答以下几个问题:什么是本组织经营战略所关注的问题?为了达到企业的战略目标,当前遇到的首要问题是什么?为什么这是值得关注的问题?如果业务流程或经营情况不改变的话,将会产生什么后果?组织的损失是什么?项目有效实施后可能对顾客和组织带来的利益,包括有形和无形效果。为了进一步取得管理部门和团队成员的共识,有必要在项目立项表中对此做出明确的书面陈述。

(2) 问题陈述

问题陈述是描述组织目前面临的和项目相关的问题,这是对"发生什么问题"的一个简明且集中的描述,可以是问题造成的损失或是需要把握的机遇。在某些情况下,问题陈述可以是项目逻辑依据的提炼版,但是,即使是最好的项目逻辑依据陈述也相当宽泛,所以改进团队通常需要将问题定义得更具体一些。例如,近半年来,本公司×××移动电话的市场占有率由 15% 持续下跌到 8%;本组织产品生产线两个月来的焊接不良率高达 52%。

制定问题陈述时人们可能会提出以下四个方面的关键问题:

一是问题是什么？涉及哪个过程？发生了什么问题？差距和机会是什么？

二是问题发生在何时何处？

三是问题有多大？如何测量它？

四是问题的影响是什么？采取行动的好处是什么？不采取行动的后果是什么？

问题陈述不应包含造成缺陷的原因，不应提出一个改进方案，不应对相关责任人加以指责。应"对事不对人"。

（3）目标陈述

问题陈述和目标陈述是相辅相成的。问题陈述描述的是差距和不足，而目标陈述则用具体的成果来表明如何减少或消除差距和不足。例如在未来3个月内，使×××移动电话的市场份额回升至15%；本季度内，将本组织产品生产线的焊接不良率下降至8%。目标的陈述必须符合SMART原则。目标陈述的结构可以描述成两个标准要素：

一是实现什么成果的描述。目标陈述应当以"减少""增加""消除"等动词开头，尽量避免使用"改进"这样太模糊的词。

二是期望成果的可测量指标。用百分比或实际数字将期望节省的成本、消除的缺陷或减少的时间等加以量化测量的指标是团队和企业领导用来测量项目成功的依据。

（4）团队构成

团队构成应包括参与六西格玛项目的人员，包括团队成员、支持人员、指导或顾问人员以及项目主办人或倡导人，以及他们发挥的作用。

（5）日程计划

日程计划包括项目进行阶段及DMAIC完成日程陈述及各阶段需要完成什么工作内容、项目成果的时间期限或时间表。在项目初期设定的时间期限到后来可能需要修正，但是，设立一个时间期限有助于集中资源和领导对项目的支持以及缩短项目周期。为明确起见，可以在目标陈述中设定两个时间期限，一个是实施解决方案的日期，另一个是期望取得可测量成果的日期。

（6）项目的利益相关方分析

每一个过程都有顾客和受过程输出影响的其他相关方。他们可以是组织内部的，也可以是组织外部的。六西格玛团队常常需要跨职能开展工作。要确保团队活动的有效开展及项目的顺利进行，需要对项目的利益相关方进行确认和分析。项目的利益相关方就是与项目有密切关系和相互关联的部门或人员，通常包括被项目结果所影响的部门或人员、影响项目结果的部门或人员、有决定权的人员、提供资源的部门或人员、流程相关专家、为项目提供数据/信息的部门或人员。为保证六西格玛项目顺利进行，识别上述利益相关方，让他们对六西格玛项目产生正确的认识，并提供有效的支持是十分重要的工作。在对项目利益相关方分析的基础

上,团队应当制定减小或消除阻力的项目相关方的沟通和影响策略,以便使所有项目相关方的承诺水平达到期望的水平。

界定阶段常用的工具和方法有头脑风暴法、SIPOC流程图、质量功能展开QFD、排列图、亲和图、质量成本分析等。

二、测量

测量阶段是 DMAIC 过程的第二个阶段,是界定阶段的后续活动,也是衔接下一阶段(分析阶段)的桥梁和纽带。测量体现了六西格玛管理的主题之一,是以事实和数据驱动管理的具体体现。测量阶段的主要工作目标是:在界定阶段工作的基础上,进一步明确 Y 的测量,并通过收集 x 和 Y 的测量数据,定量化地描述 Y。特别是通过过程分析,认识 Y 的波动规律,揭示过程改进机会,识别实现项目目标的可能途径和改进方向。测量阶段的主要工作内容有:完善过程流程图,明确输出、输入变量度量尺度,确认输入与输出变量间的相关程度,并确定数据收集计划、收集数据,另外还要对测量系统的有效性做出评价。

1. 过程分析

对于选定的改进项目,为准确找到解决问题的方法,首先要确定影响关键输出结果 Y 的一系列输入因素 x,以便在分析阶段从中找出几个主要因素。为此,要针对需要解决的问题,对项目的过程进行详细分析,了解过程内部原因与结果之间的关系,形成 $Y=f(x)$ 关系网络,从而识别出对过程输出结果 Y 有影响的所有输入因素变量 x,并过滤掉那些不重要的因素。

通过详细流程图 IPO 可以识别过程关键要素,分析查找对 Y 有重大影响的过程因素。流程图是生产某种产品所遵循顺序的一种图形表示。有了流程图,质量改进团队即使不在现场也可浏览整个过程。这种浏览常可帮助团队发现潜在的问题,如系统中的瓶颈、非必需的步骤、不必要的循环等。

详细流程图 IPO 应包括主要活动或任务、各分流程、流程边界、输入、输出、客户或供应商/合作伙伴、流程责任人。流程图应表现流程的实际运作状况,而不需要表现成这个流程"应该"的绩效状况。流程图应经常回顾与更新。绘制流程图应按照以下步骤:一是定义需要研究的流程范围;二是识别在产品生产或服务过程中涉及的所有运作步骤(包括每一步骤的周期及质量水平);三是识别上述每一流程步骤属于"增值"或"非增值"步骤;四是列出每一流程步骤的输出;五是列出每一流程步骤的输入;六是对每一流程步骤的输入都标明可控、不可控及标准流程要求;七是记录每一输入及输出的上、下限标准;八是标出所有数据收集点。

在按照上述要求绘制好详细流程图后即可借助头脑风暴法、因果图及因果分析矩阵等工具,找出影响关键输出结果 Y 的各类影响因素,并能基本确定最有可能的若干影响因素。

2. 确定测量指标

为了正确地收集数据、定义测量指标、确定成果基准(规格界限),在测量阶段首先要确定可以代表CTQ的项目成果的测量指标特性值,即关键质量指标Y。因为通过关键质量指标Y的改进程度可用来判定项目的成功与否,所以关键质量指标Y必须是可以代表项目的本质问题而且是可测量的。

关键质量指标Y的可接受范围也称为性能指标。性能指标(要求、规范)是定义可接受值的界限,它与顾客的需求有关,如交货期在8～10天内,某轮径要求直径在$\phi 80^{+0.01}_{-0.05}$等。另外,项目关键质量指标Y还可以用不合格率、报废率、返工返修率、交货期遵守率、循环周期、库存数量、订单正确度、剩余库存率、处方错误率、产品性能、生产周期、预计乘客数、延误率、设备完好率等指标来表达。

除了需要确定关键质量指标Y,在测量阶段还要确定影响Y变量的一系列关键过程输入变量x。

3. 收集和归纳数据

数据收集步骤一般按如下程序进行:

(1) 选择数据收集对象。首先要完全认识清楚顾客是如何评估组织的产品和服务的,什么样的数据收集是切实可行的,哪些数据收集是最有价值或最有用的。

(2) 对要收集的数据进行可操作性定义。即提供一个清晰的、可理解的对评估对象或观测对象的描述,从而大家都可以统一地按此描述进行操作、评估。如统计"红色小车"的数量,何谓"红色"、何谓"小车"要界定清楚。

(3) 识别数据来源。即能够清楚地解释收集数据的原因、处理数据的计划以及有关条件,包括将和数据收集者共享数据分析结果的计划等。

(4) 准备收集数据和制订抽取样本的计划。收集数据受费用和时间的制约,一般情况下通过抽取代表总体的样本估计总体特征,因此,想获得正确的决策,首先要最大限度地降低数据误差。

为正确收集数据,需要制订项目数据收集计划,对数据收集进行策划,包括收集什么、收集多少、在哪收集、谁来收集、什么时间收集、如何收集以及数据收集的要求、测量指标、测量装置及方法等。策划的结果应形成文件,如"数据收集计划""数据收集表单",这些文件要发放给有关人员,使测量和记录人员有章可循,同时,也有助于保持记录和测量结果的一致性。数据收集应遵循数据抽样的原则和方法。

(5) 进行数据收集,制定数据收集结果的评估措施并修正评估结果,检测评估量的准确性和价值性。

4. 确认测量系统

数据收集前,要确认测量系统。测量系统是指与测量特定质量特性有关的作业、方法、步骤、计量器具、设备、软件和人员的集合。为获得六西格玛管理所需的测量结果,应建立完整有效的测量系统。

对测量系统应进行验证,内容包括:

(1) 分辨力。即测量系统检出并如实指示被测特性中极小变化的能力。要保证所选用的测量系统有足够的分辨力。

(2) 准确度。即测量结果与被测量值之间的一致程度。为保证测量系统的准确度,需要严格执行测量装置的周期检定及日常维护。

(3) 精密度。即"在规定条件下获得的各个独立观测值之间的一致程度",具体包括重复性和再现性。

只有在这些问题得以保证的条件下,测量才有意义。

5. 测量当前绩效

选择了适当的测量指标后,可以在此基础上计算项目所关注的过程、产品或服务的状况。为此要进行当前绩效测量。通过测量,就能够找到存在的最大差距或最令人忧虑的领域,这将为项目团队提供项目改进优先次序方面的客观信息,同时为更好更快地启动项目打下良好的开端。

首先可借助控制图对项目的过程进行稳定性分析,判断过程是否稳定,是否处于统计过程控制状态,对发现产生变异的系统性因素,要采取预防措施,消除产生变异的系统性因素,以保证过程处于受控状态。其次在过程受控状态下,可利用六西格玛管理中相应的业绩度量指标来评估项目当前的绩效。通常可以基线西格玛水平作为基准,据此制定项目目标和评价改进效果。

计算基线西格玛水平的过程由三个步骤构成:

(1) 确定"单位""缺陷""缺陷机会"。

(2) 收集历史数据,根据需要计算过程能力指数 C_p(或 C_{pk})、单位产品缺陷数(DPU)、机会缺陷数(DPO)、百万机会缺陷数(DPMO)、最终合格率(PFY)与流通合格率(RTY)等。

(3) 计算过程的西格玛水平。

测量阶段常用的工具有因果图、排列图、散步图、测量系统分析(MSA)、失效模式分析(FMEA)、过程能力指数、顾客满意度指数等。

三、分析

分析阶段的主要任务就是运用有关的统计技术和方法对测量阶段收集的数据进行综合系统的分析,在此基础上,确定一组按重要程度排列的影响关键质量指标 Y 的关键过程变量 x,从而确定造成缺陷的主要原因。这些关键过程变量 x 将成为下一阶段(改进阶段)关注的重点。分析阶段的主要工作是:

1. 数据的整理和初步分析

针对测量阶段所揭示的已经发生的问题(Y),通过不断地追问"为什么",寻找问题的各种原因。要找出问题的根源,首先要对测量阶段收集到的数据进行分析,以帮助团队尽早找到改进问题成因的相关线索。为此可利用头脑风暴法、因果图法、故障模式和影响分析(FMEA)、控制图等方法或工具对收集到的数据进行处理、归类,以便更清晰直观地反映出数据变化的特点和趋势,为进一步地分析和寻找波动源打下基础。对数据的整理和分析要重视特异数据的研究和处理,要通过使用因果图、趋势图和直方图等统计分析工具,来观察数据的总体变化趋势、特征倾向和特异现象。

2. 建立起关于问题产生原因的假设或模型

通过数据的整理和初步分析,就可以对改进流程中出现的问题进行详细的描述,据此项目团队应尽可能提出有可能导致问题发生的原因。在短时间内产生众多创意的团队方法是头脑风暴法。头脑风暴法又称智力激励法,是一种创造能力的集体训练法。它通过会议的形式,把一个组的全体成员都组织在一起,让所有参加者在自由愉快、畅所欲言的气氛中,自由交换想法或点子,并以此激发与会者的创意及灵感,以产生更多的创意。

通过头脑风暴法,能够尽可能提出关于问题产生原因的假设,建立起关于问题产生的模型。一种缺陷或问题的起因可能是多方面的,但是总有主要和次要之分。因此,在原因假设的基础上可通过因果图或关联图从操作者、物料、机器设备、工艺方法、工作环境、测量六个方面查找问题的原因,以初步揭开因素与结果之间的因果关系。为了便于分析,原因假说应尽量避免模糊或过于简单地描述可疑的原因,如"训练不好""有缺陷的零部件"等。笼统的原因陈述不仅难以让人理解,也很难达成共识。当然,应当对所怀疑的因素以它们引发问题的方式进行清楚的阐释,为此要客观细致地阐述原因假说。另外,要对假说持怀疑态度。真正的原因应当与数据和过程相符。如果不符,不要强求数据去符合假说,应考虑可能牵涉其他原因和事实。必要时项目团队成员要根据具体需要再次收集相关数据,把在测量阶段数据收集活动中没有包括进去的因素补充进来,以便对假说或模型进行有效验证。

3. 验证假说或模型

通过头脑风暴法列出产生问题的各种可能原因之后,要利用测量阶段已经收集的数据和在分析阶段新收集的数据,对问题发展趋势和其他一些相关因素进行重新分析,对前面提出的假设或模型进行检验,以便确定是否找到了关键因素(真正的原因)。为确保所找到的关键因素是正确的,还要验证分析结果。为此,可用散布图来确认关键质量特性 Y 与过程输入要素 x 之间的相关程度,即通过计算相关系数来确定 Y 与 x 之间的相关程度。通过假设检验或方差分析则可以验证所找出的关键因素是否对特性结果有重大影响。经过验证后,就可缩小潜在原因的范围,使大量的问题原因缩减或剔除到一个更易于捕捉到最关键因素的程度。

4. 确定关键因素

找出影响因素和特性结果之间的因果关系后,还要确定哪些是"关键的少数"因素 x,即要进行根本原因的分析,以集中力量改进那些能够产生明显效果的因素。为此，要利用已有的数据检验所假设的原因，甚至可以到假设的原因发生的地点或流程现场观察，以核实所假设的原因和实际情况是否相符。与此同时，还可以与了解情况的其他非团队成员如顾客、供应商或专家进行交流，从而进一步修正假设。在分析阶段的最后，根据已有的数据信息和所观察到的事实，确定少数关键影响因素以便能集中有限的资源和时间，对所要解决的问题实施六西格玛改进。

分析阶段常用的工具有头脑风暴法、排列图、多变量图、假设检验、箱线图、相关分析、回归分析等。

四、改进

测量阶段测量的对象是关键质量特性 Y 和可能影响关键质量特性的尽可能多的输入变量 x。分析阶段的任务是在多个输入变量 x 中找到影响关键质量特性 Y 的最主要的几个输入变量 x（1～3），也称之为关键输入变量。而改进阶段的主要任务是寻找关键质量特性 Y 与关键输入变量 x 之间的关系，确立 x 的允许波动范围，即通过改进输入变量而实现提高关键质量特性（输出变量）Y 的目标，从而找到最大限度地减少和预防缺陷发生的解决方案，同时实施优化解决方案，并确保该方案能够满足或超过项目质量改进目标。改进阶段的主要工作是：

1. 提出改进方案

要提出切实可行的改进方案，需要项目团队深入思考什么样的想法或行动将有助于解决问题并实现项目目标，在这些行动或想法中哪些能形成切实可行的潜在解决方案。为此需要发挥每一个人员的创造性思维来更好地解决实际问题。同分析阶段相似，利用头脑风暴法是一种最常用的激发创造性思维来解决问题的方法。头脑风暴法形成的观点经过分析、归纳和总结形成一些方案，通过进一步分析可以得出最佳的方案。

2. 选择改进方案

上述经过头脑风暴法形成的一系列解决方案就像原材料一样，需要进行提炼和优化组合，团队成员要对头脑风暴活动提出的所有观点和建议进行讨论和分类，合并其中重复的观点，提出不具备可行性或缺乏创造力的观点，筛选出最有可能形成问题解决方案的观点并将其进行归类。然后对筛选后的观点进行再次讨论和评估，形成切实可行的解决方案。使之对组织具有真正的价值，成为诸如减少缺陷、加快周期时间、提升顾客价值等成果的实施方案。然而对上述意见、建议或方案的筛选并不是一个简单的活动，因为不完整、不系统的方案只是对问题的简单修补，并未从根本上解决问题。如果大而化之，将会前功尽弃，并造成巨大的浪费。所以必须认真对待。为此应在普选方案的基础上，提炼出切实可行的改进方案，并形成正式的改进方案说明书。最后在对所有的改进方案说明书进行分析之后，优选出最佳的方案。

3. 实施改进方案

最佳方案挑选出来以后就要付诸实施。在实施过程中要注意以下事项：

(1) 策划

在方案实施前，项目组成员应对行动、资源和交流进行策划，对时间、步骤、人员、地点、方式等进行周密的设计，形成可靠的实施计划，保证项目的进行有条不紊。

(2) 试验

改进方案的前景是预测的，只有在试验的基础上，一切结果才真实可信。因此应选定一个合适的规模对所选方案进行试验。

(3) 防范

在方案实施前或实施过程中，多思考一些可能发生的不利现象，尽可能准备好应有的预案，以保证项目的顺利进行。方案实施以后，对实施结果进行全方位的评价，以发现收益有多大，对结果要进行总结，对一些疏忽的、不完善的地方要进行修正。

改进阶段常用的工具有头脑风暴法、因果图、质量功能展开(QFD)、试验设计(DOE)、方差分析、相关分析、回归分析等。

五、控制

控制阶段的主要任务是确保对过程的改进一经实施就能够持之以恒，并确保过程不会恢复到原来的状态。六西格玛项目的成功依赖于人们长期自觉地遵守科学合理的程序(制度)。控制阶段的主要工作如下。

1. 制定标准

(1) 成果证实

从统计学角度，对改进前后的质量特性数据的分布进行分析比较，证实改进成果的真实性。此外，还要从经济学角度，验证六西格玛项目投资回报的显著性，在评估报告中说明由于减少缺陷而减少的浪费、质量成本的降低、效率的提高、创造的直接和间接效益。

为了确保六西格玛管理的信度和权威，应结合具体情况，建立有关六西格玛改进项目实施情况的评价与检查制度，以定期评审六西格玛改进项目的进展情况。

(2) 理解改进方案

如何使控制措施涉及的人和部门理解并接受方案是一个重要问题。为此必须通过图表和文字的形式详细描述项目改进的背景、过程和结果，要让人了解并确信所改进的新方法是合情合理的，是大家都会受益的。同时要营造一种良好的氛围，使大家有一种分享荣誉的成就感。

(3) 定义评估量

精心挑选一些作为业绩水平的衡量指标,一般是一些反映顾客需求的关键质量特性值。通过对评估量的定期测量以追踪过程改进方案的实施情况。

(4) 文件化

对于实施的新方法以及相关的改变都要文件化。如果只是口头化,就不能保证每个人做到准确无误,但又不必把文件写得很长让人不愿看下去。应该使文件记录简单易懂,简明扼要。文件既要对常规工作进行说明,又要对紧急情况的应对进行阐述。文件记录应包括对偏离绩效改进目标的意外情况的控制方法,明确怎样发现并确认影响绩效改进的因素,指明针对不同因素应采取怎样的对策,这样才能保证流程改进活动不会很快被人遗忘,从而保证改进活动的持续进行。

2. 明确管理职责

只有分工明确、责任到人才能保证过程的稳定性。在过程管理中应该做到过程管理的职责同部门的职责相一致,使工作适合于过程要求。

针对过程中有可能偏离衡量业绩水平的评估量要制定相应的纠正措施及应对突发事件的过程管理计划。过程管理计划应包括过程的流程跟踪图、行动预警及过程应对计划、应急方案、持续改进的计划等。

3. 实施监控

过程管理既是六西格玛管理的起点,也是六西格玛管理的终点。为了把握过程状况,需要采取诸如 SPC 控制图、BSC 平衡计分卡、顾客报告表等图表形式的工具跟踪过程状况。通过对过程的定期测量、分析,了解状态改善了多少,节约了多少成本,即通过量化的手段掌握系统的运行状况,确保整个系统的高效运行。

控制阶段常用的工具有统计过程控制(SPC)、防差错系统(Poka-Yoke)、失效模式及后果分析(FMEA)、检查表、5S 等。

以上大体介绍了 DMIAC 模式的主要内容和任务。在具体实施六西格玛项目之前,各阶段的要求都应细化到六西格玛项目定义表中。

DMAIC 模式作为实施六西格玛管理的操作方法,其运作程序与六西格玛项目的周期及工作阶段紧密结合。DMAIC 模式从界定到控制不是一次性的直线过程,而是一个持续改进的循环过程。只有不满足现状,勇于创新,才能在六西格玛管理中取得卓越成效。另外在六西格玛管理中需要用到大量的统计技术,有关这方面的知识读者可参考有关论著。

第七章 六西格玛管理与其他改进方法的关系

六西格玛管理已在发达国家的许多著名公司有了若干年的实践并取得了巨大的成功。随着我国市场经济的不断深入，六西格玛管理已引起我国企业界、学术界和政府的关注，一些企业开始涉足六西格玛管理。对于我们国家，六西格玛管理是一个涉及面广、知识庞大的全新课题。它既涉及关于企业经营战略的问题，又涉及许多工具、方法的应用。人们对六西格玛管理的实施一定会有许多疑问，特别是六西格玛管理与人们已经熟知的全面质量管理 TQM、ISO 9000 质量管理标准及精益生产有何联系和区别，六西格玛管理有何创意，六西格玛管理在一些世界著名大公司成功了，在我们这里能否行得通等一系列疑虑是人们最常思考的问题。以至于眼前浮现的往往是六西格玛管理推行过程中可能出现的困难，对于实施六西格玛管理感到犹豫不决。本章将简要介绍六西格玛管理与其他改进方法的关系，并针对推行六西格玛管理过程中可能遇到的疑虑、阻力和失误等问题进行分析，提出相应的对策。

第一节 六西格玛管理与全面质量管理

全面质量管理(TQM)是大家比较熟悉的，它使许多企业获得了成功，经验证明它是一种使企业获得核心竞争力的战略管理。随着时代的发展，质量管理需要一种更有号召力的质量改进方式，正是在这种情况下，六西格玛管理应运而生，可以说，六西格玛管理是全面质量管理的继承和发展。尤其是那些推行了全面质量管理但收获不多的组织，推行六西格玛管理将会在提高顾客满意度和提高企业经济效益上获得新的突破，使企业走向辉煌。从六西格玛管理的起源看，六西格玛管理是诞生在全面质量管理蓬勃发展的年代。同全面质量管理一样，六西格玛管理也是从质量入手来提高企业竞争力的。因此从这个意义上说六西格玛管理与全面质量管理有许多共同之处，它们都强调以顾客为关注点、持续改进、基于数据决策、广泛应用统计工具等。

随着社会的进步和市场竞争的日趋激烈，全面质量管理逐渐表现出一些不足之处：

全面质量管理通常只注重局部的改进，而缺乏对整体流程的优化，因此在提升产品质量和企业整体竞争力上显得力不从心。

全面质量管理注重技术层面上的改进，而缺少满足顾客需求的理念。这主要表现为只注重技术层面上的改进，而缺少满足顾客需求的动态反馈体系及应变能力。

全面质量管理缺少技术和管理队伍的建设，虽然强调统计质量控制技术的应用，但缺少必要的投入和培训，大多数企业掌握这一关键技术的人凤毛麟角，没有形成整体实力，致使在质量改进上成效不够显著。

全面质量管理缺少高层领导的真正重视。由于信奉高质量必然是高成本投入的观念，对追求高质量缺少信心，从而对人才培养和必需的资源投入缩手缩脚，致使产品质量不可能有长足的改进。

应该说明的是，全面质量管理尽管存在这些不足与缺陷，但其历史功绩是不可磨灭的，尤其对企业的早期发展及基础比较薄弱的企业推行全面质量管理仍然是十分必要的。

六西格玛管理吸取了全面质量管理的精华，继承、发展和提升了其基本理念，从而创新了思路和手段。从摩托罗拉、联合信号和通用电气等世界级企业推行六西格玛管理的成功经验可以看出，六西格玛管理与全面质量管理相比，确实有了许多变化。六西格玛管理在战略思想、方法体系、价值理念等方面有了很大的突破。它不是全面质量管理的翻版，如果一个组织的六西格玛管理推进工作看起来像是全面质量管理的翻版，那么结果可能不会比全面质量管理有所突破。因为无论是在战略上，还是在战术上，毕竟六西格玛管理已经与全面质量管理有了很大的不同。总结起来，六西格玛管理与全面质量管理相比较，其主要特点如下。

一、六西格玛管理是时代发展的产物，具有鲜明的时代特征

经过二十几年的发展，特别是经过在通用电气这样的世界级企业的实践，六西格玛管理与全面质量管理相比，确实有了许多变化。最重要的变化是，六西格玛管理的推进有着明显的战略意义，是组织中最高管理者实现企业经营战略的手段。在与企业发展战略的结合上，六西格玛管理比全面质量管理有着明显的结合点和策略。这一点，在那些成功企业的实践中足以见证，而不是像在一些组织中，全面质量管理的实践与领导们关心的重点是分离的，让领导们对他们不关心的问题做出承诺，显然是不可能的。六西格玛总结了全面质量管理的实践经验，同时在改善全面质量管理的不足上有了许多发展。

六西格玛管理的改进理念和方向是追求卓越和零缺陷。在现代生活要求不断提高和现代经济活动大量发生的时代，对产品和服务的质量要求不断提高，因为在

某些领域即使有 0.1% 的不合格率（如飞机升降的可靠性），也可能导致不可容忍的结果。

随着现代科学技术和企业管理的不断进步和发展，接近零缺陷的实现并不意味着经营高成本的出现，恰恰相反，它可能会使经营成本呈下降趋势。正是在这种背景下，六西格玛管理应运而生。

在通用电气，人们已经达成如下共识：六西格玛管理是一种能够帮助公司集中精力于发展和提供近乎完美的产品和服务的高度受控过程，是通用电气从事一切事情和设计一切产品的工作方法。通用电气的辉煌业绩充分显示出实施六西格玛管理的有效性和优越性。

二、六西格玛管理是科学、完整的方法体系

六西格玛管理是在当前企业追求完美和卓越的过程中以及在企业追求持续改进并有所突破的过程中所能采用的先进、有效的方法和程序，拥有解决难题所必需的工具、手段和程序。实施六西格玛管理能使企业保持持续的竞争能力和发展动力。

六西格玛管理的推行需要提供必要的资源，包括需要一些核心资源来保障，如要求培养和认可一批具有资格的专、兼职人员（黑带和绿带），并以黑带大师、黑带、绿带等形式为其实施部署关键的人才，而且强调要构建完善的支持基础，包括企业经营过程管理的构架，量化业绩测量体系的建立，从上至下的战略目标改进与项目选择、实施、跟踪、审核的结合，以及文化变革的促进等，来支持六西格玛的实施，这使得六西格玛更具生命力。

有人说，"六西格玛管理只是将全面质量管理使用的各种工具重新包装，没有新意。"事实上，六西格玛管理继承和发展了全面质量管理的一些原理。以 DMAIC 流程为例，它的基本原理就是 PDCA 循环。但与 PDCA 循环相比，DMAIC 的模式更加清晰，每一步的量化目标更加明确，所使用的工具和方法与所解决的问题联系更加紧密，所用支持数据决策的手段也更加明了。另外在 DMAIC 全过程的各个阶段中，均十分注重有关工具的科学合理运用，经过特殊训练的黑带能够熟练地、正确地运用合适的工具是六西格玛管理取得成功的关键之一。

凡是能够促使人们更好地理解、处理和改进项目的方法和技术都能成为六西格玛管理的工具，六西格玛管理把各种工具进行有效整合，为这些工具提供了一个强有力的综合分析思路和丰富的内涵。正是由于六西格玛管理科学体系的形成及其发展，赋予了各种工具更强的生命力，能更好地分析解决问题，使改进成功的把握也大大提高。从成功实施六西格玛管理的一些企业看，DMAIC 帮助企业解决了许多战略发展中的难题。

六西格玛管理改进项目团队活动的开展和推行与全面质量管理中 QC 小组活

动有许多类似之处,而六西格玛管理的特点是:具有经过严格培训的高素质的黑带(一般为专职)和绿带(一般为兼职),数据分析系统准确,重视判定测量系统的稳定性与有效性;改进的可靠性好,重视解决问题的清晰流程;持续改进的前景明确,重视出色目标的合理确定。有这样一种比喻:QC小组具有模拟时代的特色,而六西格玛团队具有数字时代的特色。还有一种比喻:像摘果子,地上及伸手可及的果子采用一般方法就可摘到,而再高一些或是树顶部位的果子则要借助六西格玛方法才能摘到。

三、六西格玛管理追求价值最大化

六西格玛管理从一开始就注重实用和应用效果,它不仅适用于制造和生产部门,而且也适用于服务和管理部门。六西格玛管理要求产生经营业绩的突破,要求量化结果,包括明确的财务结果,这个结果要"流入"企业的经营底线和顶线。六西格玛管理要求为顾客和股东同时创造价值,这一明显的特征使它更加容易为顾客、股东、经营者等相关方所接受。

六西格玛管理以提高利润的形式为公司提供最大价值,以低成本得到高质量产品或服务的方式为客户提供最大价值。这是一种经营战略和哲学,它基于一个理念:公司可以借助于减少生产、服务和交易流程中的缺陷来获得竞争优势。在六西格玛管理的大框架下,任何阻碍或抑制流程和服务的事物都是缺陷,六西格玛管理要求做到优化流程,这意味着缺陷在未发生之前就要被根除,在产品生产和服务过程中要减少偏差,通过不断改进以求达到六西格玛管理质量水平。六西格玛管理使科学、技术、质量、管理和高收益率汇聚到一起,使工程师和营销经理,公司和客户,高级主管和第一线员工,因追求经济效益最大化的共同目标而融为一体。

第二节 六西格玛管理与 ISO 9000

一段时期以来,在六西格玛与 ISO 9000 的关系问题上,存在两种截然不同的观点。一种是随着六西格玛管理在摩托罗拉、联合信号、通用电气等国际大公司的成功实施,认为六西格玛管理将取代 ISO 9000 标准;另一种观点认为 2000 版(及后续换版的 2008 版、2015 版)ISO 9000 标准将会使六西格玛管理多余。持这种观点的人是基于 2000 版 ISO 9000 标准和六西格玛管理有许多相同或相似之处,例如,组织的质量管理工作以顾客为关注焦点,采用过程方法,强调组织领导积极参与质量工作的重要性,提倡全员参与,要求组织建立用统计技术分析过程和数据的测量操作程序。仔细分析研究六西格玛管理和 2000 版 ISO 9000 质量标准体系之后,人们会发现以上两种观点都是不正确的,六西格玛管理和 2000 版 ISO 9000 质量标准体系之间并不存在互相替代的关系,二者之间既有许多相同之处,也有许多不同之处。对于组织质量管理工作而言,它们所起的作用也是各有千秋的。

一、ISO 9000 族标准为组织的质量管理工作提供了一个基础平台,而六西格玛管理给组织的质量管理工作带来一个新的、垂直的方法体系

2000 版 ISO 9000 标准主要由 ISO 9000、ISO9001 和 ISO9004 三个核心标准组成。ISO 9000 阐明了标准制定的管理理念和原则,确定了新版标准的指导思想和理论基础,规范和确定了新版 ISO 9000 族标准所使用的概念和术语。ISO9001 标准对组织质量管理体系必须履行的要求做了明确的规定,是对产品要求的进一步补充。ISO9001 标准有两个作用:一是明确通过满足产品的规定要求达到使顾客满意所必需的质量管理体系最低要求;二是为质量管理体系的评价提供基本标准。ISO9001 标准是组织建立质量管理体系的要求标准。ISO9004 标准提供了考虑质量管理体系的有效性和效率两方面内容的指南,可以指导使用者实现持续的自我改进,追求卓越的质量管理绩效,实现顾客和其他相关方满意的更高层次的目标。ISO9004 是组织进行持续改进的指南标准。

在国内外大多数企业的贯标认证过程中,取证的依据是 ISO9001,而不包括 ISO9004,所以大部分组织仅仅使用 ISO9001,即实施 ISO9001 标准的组织数量远远超过使用 ISO9004 标准的数量,即要求标准而不是指南标准在企业中起主导作用。所以说,2000 版 ISO 9000 标准在组织的质量工作中只是起基础性的作用,仅仅为组织架设了一个基础质量平台。但这个平台的搭建是十分必要的,是走向国际市场的基本条件。所以,六西格玛管理取代不了 ISO 9000 标准在组织中的作用。

有人疑惑 2015 版 ISO 9000 族标准是否会使六西格玛管理多余的原因主要是指 ISO9001 的第 8 条:"测量、分析和改进"中要求组织声明持续改进的同时,建立用统计技术分析过程和数据测量的操作程序。事实上,不管一个组织是否建立了质量管理体系,六西格玛管理都是需要的。两项活动并非相互排斥,其实施目标也不相同。六西格玛管理在组织中的实施目标是追求卓越质量、高的顾客满意度和高的经济效益。根据 2000 版 ISO 9000 标准,实施质量管理体系的基本目标是为了"表明其(公司)具有持续提供合格产品/服务的能力"。因此 2000 版 ISO 9000 族标准并不足以使六西格玛管理多余。

六西格玛管理系统是一种通过密切关注顾客、流程管理、流程改进,合理利用数据及事实,实现和维持成功的业务管理的系统。六西格玛管理是一项以数据为基础,追求完美的质量管理方法。六西格玛管理的核心是将所有的工作作为一种

流程，采用量化的方法分析过程中影响质量的因素，找出最关键的因素加以改进从而达到更高的客户满意度，即采用 DMAIC 改进方法对组织的关键流程进行改进。而 DMAIC 又由下列四个要素构成：最高管理承诺、有关各方参与、培训方案和测量体系。其中有关各方包括组织员工、所有者、供应商和顾客。因此，六西格玛管理为组织带来了一个新的、垂直的质量管理方法体系。

二、ISO 9000 是组织进入国际市场的基本条件，六西格玛管理是组织提高国际竞争力的保障

ISO 9000 从一开始就已经被众多的组织作为从事商务活动的最起码的要求。2000 版 ISO 9000 标准的这一地位也没有改变，而且修订时还要求各组织能够容易地从老版本转化过来。而六西格玛管理是基于务实的持续改进框架，以世界级水平为目标。六西格玛管理是以数据为基础，追求完美的质量管理方法，其核心是将所有的工作作为一种流程，采用量化的方法分析流程中影响质量的因素，找出最关键的因素加以改进、控制，从而达到更高的顾客满意度，使企业获得更好的收益。明白了这一重要的区别，企业显然可以用 ISO9004 标准作为达到卓越水平的方法，因为它包括了主要的因素。但是，根据过去的实践经验，这种指南标准的初衷在企业应用中极少能够得以实现。

当今世界各国在经济方面的竞争日趋激烈，许多国家为了保护自身的利益，设置了种种贸易壁垒，包括关税壁垒和非关税壁垒。随着贸易保护主义和各国对关税的抵制，保护的天平已从关税壁垒一侧倒向了非关税壁垒，而其中非关税壁垒主要是技术壁垒。为了消除贸易技术壁垒，出口商除应按国际标准组织生产外，还要符合质量认证的要求，即符合产品品质认证和 ISO 9000 质量管理体系认证的要求。所以取得 ISO 9000 认证证书等于组织得到了进入国际市场的通行证。但是，一个组织如果要想长期、稳定地在国际市场里占有一席之地，仅仅依靠 ISO 9000 认证是不够的。通过 ISO 9000 认证只能证明组织已经具备保证本组织生产或提供的产品或服务达到国际基本标准的能力，但这种能力是否能长期保持下去，还需要组织对本组织生产或提供的产品或服务以及组织质量管理体系进行持续改进。因此，组织还需采用一些有效的质量管理方法，以确保组织质量得到持续改进，而六西格玛管理是众多质量管理方法中脱颖而出的一种追求卓越的方法，国外不少知名企业由于实施了六西格玛管理而取得了骄人的业绩。为了更好地提升我们国家产品和服务的竞争力，积极参与国外企业的长期竞争与合作，我国企业在积极进行 ISO 9000 质量管理体系认证的同时，还应该尽可能在本组织中推行六西格玛管理。只有这样，才能够在激烈的国际市场竞争中立于不败之地。

综上所述，ISO 9000 是关于质量体系的一个标准，是质量体系建设的基本要求，它告诉组织在建设质量体系时，应该考虑的要素和基本方面，ISO 9000 为企业

实现质量管理的系统化、文件化、法制化、规范化奠定了基础。而六西格玛管理是关于组织经营业绩改进的管理战略和获得突破性改进的科学的方法论，作为一种现代质量管理理论，还具有更丰富的内涵，还应包含企业长期的经营管理战略。它是指组织为保证产品和服务质量，综合运用一整套质量管理思想、体系、工具、手段和方法，进行的系统的管理活动。因此，ISO 9000 标准和六西格玛管理的正确关系是相辅相成、互为补充的。对于任何一个组织来说，应该依据 ISO 9000 标准建立质量管理体系，进而加强组织质量管理的基础建设工作，同时实施六西格玛管理，以便推进和加强组织的质量改进工作。

第三节　六西格玛管理与精益生产

精益生产(Lean Production，简称 LP)又称精良生产，其中"精"表示精良、精确、精美；"益"表示利益、效益等。精益生产就是及时制造，消灭故障，消除一切浪费，向零缺陷、零库存进军。即通过消除组织所有环节上的不增值活动，来达到降低成本、缩短生产周期和改善质量的目的。精益生产方式源于丰田生产方式，是由美国麻省理工学院组织世界上 17 个国家的专家、学者建立的研究小组，花费 5 年时间，耗资 500 万美元，在对日本汽车工业的生产管理方式进行调查研究之后，对这种生产方式所赋予的名称。

精益生产有两大支柱。其一为准时生产(Just In Time，简称 JIT)。它不采取预测性或计划性的生产，仅在接到客户的订单之后才开始依照订单的生产规格、数量及交货时间组织生产，以降低库存资金积压及呆滞品库存增加的风险。另一支柱为自动化(JIDOKA)。将人的智慧转化为机器智慧，当有问题时，可以自动停机。与传统的追求"高速度、大产量、多用机"的自动化截然不同，它是以最低的成本制造出"适速化、专用化、小型化"的自动机器，以使不论大批量还是小批量的产品都能够快速、合格地被制造出来。围绕着这两大支柱的是日本丰田公司总结出的一系列独特的改善技法，如"看板管理""标准作业""快速换模"等。并提出了"改善"理念，最大限度地消灭各种浪费。

精益生产有若干种不同的定义方法。但核心是消除各种形式的浪费。比如，额外的工作空间，额外的库存，报废与返工返修，额外的原材料，资本浪费，人力资源的浪费，以及时间的浪费。"精益思维"可以帮助组织清晰地确定"价值"，并且将所有增值的活动沿着价值流与产品和服务连接起来，使"价值"在顾客的拉动下流向顾客。

事实上，"价值""价值流""流程"这些精益制造的关注点也正是六西格玛管理的关注点。而减小浪费、缩短周期、降低库存等也是六西格玛管理的目标。组织需要将二者很好地结合起来。实践证明,二者是可以有效地结合的。在六西格玛管理实施的过程中,许多组织都将精益制造与六西格玛结合起来,产生了非常好的效果。因为它们都是通过改进过程而改善过程结果的方法。有许多组织正在将精益制造的原则用于其他非制造过程,来实现精益运行。

精益生产与六西格玛管理有许多的共同点:都关注顾客满意、顾客驱动,都关注财务成果,都是改善的工具方法,都追求持续改善,都需要最高层的全力支持,都重视改变思想观念和行为方式,都强调全员参与、团队相互合作与协调,都注重人、系统和技术集成。

精益生产与六西格玛管理在具有上述共同点的同时,也存在一定的区别。

一、文化起源不同

虽然两种管理模式都蕴含着追求完美的文化,精益生产以"尽善尽美"为目标,六西格玛管理提出的六西格玛标准也是一种近乎完美的质量目标。但两种生产文化起源不同,从而两种模式操作层次有许多不同。精益生产起源于日本的文化环境,而六西格玛管理起源于美国的文化氛围。欧美人的思想注重于逻辑分析,质量管理受泰勒管理思想的影响,强调专业化,质量管理由质量管理技术人员来完成,也就是专业技术人员制定技术标准、操作标准,操作人员按标准进行操作。东方文化强调集体,寻求合群,注重寻求集体、社会的认同。日本专业化不强,连技术人员也在一个企业中轮换在设计、制作、质量管理等部门工作,他们强调以人为本,充分调动人的积极性。

二、解决疑问的着眼点和性质不同

精益生产主要着眼于消除各种流程中的浪费,直接对症下药。六西格玛管理则从顾客的需求出发,经过自上而下的政策方针展开,列出所有需要解决的课题,从中选择对顾客最具影响力的课题作为六西格玛课题实施,既适用于解决生产部门的问题,也适用于解决研发部门的问题。精益生产解决的往往是用眼睛就可以观察到的问题,所以容易理解一些,"宏观"一些。而六西格玛管理解决的"微观"问题更多,变异往往需要数据显示,深层次的问题用眼睛往往无法看到,经验在解决变异(波动)的过程中难以发挥作用。

三、解决问题的过程不同

精益生产是"观察"驱动的解决问题的方法,六西格玛管理是"数据"驱动的解决问题的方法。精益生产是消除组织中各种浪费的有效方法,讲求快速解决问题。

它最强调的是走一遍流程,观察流程的浪费,立即决策问题,马上动手解决。六西格玛管理则强调解决最关键方面的关键的问题。同时,强调用数据说话,数据决策,整个问题的剖析,确定关键顾客需求的过程,都强调对数据的收集、分析,得到结论,并不是个人的判断。

四、解决问题的工具不同

精益生产解决问题的主要工具和技术有价值流程图分析、工业工程技术(IE)、TPM全员设备生产保全、SMED快速换模、现场管理如6S管理、看板管理、生产计划平衡、准时生产(JIT)、生产线平衡、在制品管理、生产节拍控制、可视化管理、物流路线规划改善、搬运分析等。

六西格玛管理则是以一切质量管理工具为基础。如头脑风暴、KANO分析、QFD质量功能展开、SIPOC高阶流程图、因果图、流程图、亲和图、劣质成本分析、FMEA失效模式和风险分析、排列图(柏拉图)、直方图、标杆方法、调查表、过程能力分析、测量系统分析、流程图、因果矩阵、假设检验、实验设计(DOE方法)、田口方法、响应曲面法、防错设计、多变量分析、方差分析、回归分析等。

五、解决问题的系统化程度不同

精益生产解决问题时,更多地依赖专家的经验,所以精益生产专家首先必须是生产现场专家。精益工具缺乏严密的使用流程和系统性,往往是根据经验来确定问题。

六西格玛管理倡导一切可以使用的工具技术,按照DMAIC的流程顺序,通过严密的逻辑将各种工具有机结合起来,形成一整套完整的、系统的解决问题的方法。掌握了六西格玛方法,就是掌握了一套方法论,即使不是某一领域的专家,也可以快速地逼近解决方案。

六、对绩效的评价机制不同

精益生产着力消除或削减七种浪费,主观上对组织的财务经营产生贡献,客观上这种贡献的大小对组织财务收益的影响没有经过科学剖析和规划(财务收益或许是微乎其微的)。六西格玛管理的一个直接特征即是以财务收益为根本目的,通过多种工具或方法选择最能为组织带来赢利的课题来实施,也即不赚钱或赚钱少的课题不被优先选择。

七、人才培育机制不一样

参与组织经营活动的主体是人,经过精益生产的实习,能够提升组织干部的革新意识和培育一批革新的中坚力量,但这种人才的养成是非系统化的,是自主自发的边干边学,因个人悟性不同而参差不齐。缺乏一种有效的培训过程迅速提高员工对精益理论的认识以构建企业的精益人才体系。而六西格玛管理注重系统化的人力资源培育,并树立内在的激励机制,通过严格的培训流程,培养出一批掌握六西格玛管理的方法论和应用工具的业务人才,成为以黑带为中心成立多个跨部门的问题解决的专家团队。这种理念和方法会促使一种严密的逻辑思维方式在组织的扎根。

八、应用的人员范围不同

精益生产比较直观,消除浪费人人都可以做,所以群众基础更好一些,可以说精益是群众文化;六西格玛管理强调复杂的统计技术支持,一般人难以接受,必须经过严格系统的理论培训才能掌握,所以说六西格玛管理是精英文化。

以上讨论了精益生产和六西格玛管理的不同,概括起来:用精益思想解决问题往往快速、直观、简单,但依赖经验,缺乏一套严格的数据分析和改进的技术路线,难以取得像六西格玛那样的突破性改善及示范效果,有时候结果会缺乏一定的说服力。六西格玛管理擅长解决复杂问题,尤其是问题的原因不明,需要进行大量的对比分析时,显得具有优势。但六西格玛则缺乏快速改善的各种方法及手段,取得效果的时间较长。

近年来,将六西格玛和精益生产结合起来,实施精益六西格玛的组织越来越多。所谓精益六西格玛不是精益生产和六西格玛管理的简单相加,而是二者的互相补充、有机结合。因为两种方法论之间互相补充,只实施其中之一,会使问题解决不充分,或者在改进过程中遇到困难。真正的需求是综合精益和六西格玛两种理念,结合本组织的具体情况,将其逐步融入到企业文化中,从而大大提升企业的核心竞争力。

总之,实施六西格玛管理不是要取代已有的管理体系和成功的管理方法,而是要将六西格玛与它们很好地结合起来,用六西格玛提升已有的管理体系的有效性和水平。还是那句话,六西格玛是一个开放的系统,它应该而且能够与组织的其他管理系统和方法很好地整合。

第四节 实施六西格玛管理的障碍

六西格玛管理毕竟是个新生事物，众多的高层管理者对实施六西格玛管理充满了矛盾心理，既羡慕和崇拜那些成功实施六西格玛管理的企业，又担心自己的企业是否能够成功导入和顺利实施，因而对实施六西格玛管理感到犹豫不决、举棋不定。本节将针对一个组织推行六西格玛管理的过程中可能遇到的疑虑、阻力和失误等问题进行分析，并提出相应的对策。

一、六西格玛管理在世界著名公司成功了，我们能行吗

纵观世界上一些著名公司成功实施六西格玛管理的过程，可以归纳出一个共同的规律：即高层领导基于对六西格玛管理的研究和认识达到了相当深的程度，从而对六西格玛管理有高度的认同和追求。因此这些高层领导以极大的热情全身心地投入到六西格玛管理变革中，并为培育六西格玛文化配备充分的资源。因此，要推行六西格玛管理，首先高层领导要对六西格玛管理进行研究和学习，能够充分认识到六西格玛管理将会给组织带来强大的发展动力。这就要求高层领导首先是个学习型领导，其次要有实行重大改革的勇气，有应对风险的充分准备，还需要有大量的资源投入。而对于一些暂不具备这种条件的企业来说推行六西格玛管理是很难的。

事实上，一个不甘于落后、敢于争先的企业完全不必为自己现有的条件而感到气馁。正像前面所提到的，六西格玛管理是一种理念、哲学、文化和方法，它告诉人们思考问题的方式、分析问题的方法、解决问题的途径。不同的企业尽管情况千差万别，但六西格玛管理的基本原理和方法都是通用的，区别仅在于对六西格玛管理的理解是否透彻，决心是否坚定，方法是否掌握，队伍是否健全，切入是否合适。由于实施六西格玛管理是一个系统工程，忽略哪一方面都难以达到预期效果。

1. 高层领导的认识和决心是前提

推行六西格玛管理是一项需要组织的高层领导参与和支持的事业，即我们通常所说的一把手工程。高层领导对实施六西格玛管理的认识和决心首先要建立在学习的基础上。通过对六西格玛管理的学习，高层领导会对六西格玛管理的基本原理、工具方法、团队组建、资源配置、适用范围、带来的效益等有一个系统的了解和认识，能够加深理解质量经济性的含义，同时能够对统计工具有一定程度的了解和掌握，学会用数据说话，依据数据分析的结论进行决策，使决策科学化。通用电气的韦尔奇就是一位不知疲倦地推行六西格玛管理的强有力的支持者，并且他的

行为也影响了通用电气的其他高层领导。随着六西格玛管理在通用电气的深入开展,促使通用电气的管理层水平不断提高,令整个通用电气保持着让人难以想象的持续增长能力。所以在推行六西格玛管理之前,对高层领导的培训,在很大程度上有助于保证成功率。

2. 对员工进行六西格玛管理知识的培训是基础

六西格玛管理是一个庞大的知识系统,主要包括基本含义、相关概念、常用统计工具、流程改进方法、团队建设、导入途径以及企业文化等方面的内容。要想推行六西格玛管理必须对管理工作者和员工进行普及型的培训,根据需要还要专门挑选人才进行提高型的培训,并取得相应证书。只有通过培训,让六西格玛文化深入人心,被广大职工普遍接受,才能扫清推行过程中思想上的障碍;只有通过培训,才能培育一批推行六西格玛管理的骨干力量;只有通过培训,才能坚定领导的信心和决心,形成具有追求卓越、追求完美的强烈愿望。因此培训工作既是推行六西格玛管理的基础性工作,又是先导性工作。

3. 选择优势领域和优势项目是关键

在一个企业里推进六西格玛管理并不是一哄而上的,而是要选择优势领域和优势项目率先推进,循序渐进,以点带面,将企业的精力和资源的投入控制在可接受的范围内,这在一定程度上降低了风险。

要解决这一问题,需要高层领导在制订试点计划时,将试点集中在组织的局部范围内,坚持客观估计六西格玛管理的实际成果,同时应投入相应的资源。与此同时,团队的组成和培训的目标应针对主要的机遇和挑战,以形成优势力量推进六西格玛管理。可以在重点领域内开展六西格玛战略改进,如加速产品的开发,提高供应链的效率,构建电子商务的能力等。

在运用六西格玛管理时,可以针对个别或几个项目开展六西格玛管理。这些项目若具有一定的改进空间,且难度不高,预计能在半年左右取得成效,就可以成为推进六西格玛管理的优势项目。在确定若干具体项目之后,通过使用数据和有效的科学分析解决产生问题的根本原因。如解决高成本、返工或延误等特殊问题(缩短执行过程的时间、减少逾期应收账款的数额、防止零部件的储备短缺或余量过多等)。这种方法的优点是可以将六西格玛管理实施的难度和风险控制在项目范围内,通过具体项目的实施,能对六西格玛管理进行清晰的总结和评判。若项目改进十分成功,再扩大推广。这样可以增强组织采用六西格玛管理的信心,同时感性地认识到六西格玛管理的有效性。

二、六西格玛管理中统计知识难度大,员工能够掌握吗

这实质上是个老问题,也一直是质量管理历程中一个沉重的话题。迄今为止我们并没有养成靠数据说话、靠数据决策的习惯,而常常代之以"我认为""我感觉"

"我听说""我相信""大概""可能""或许"等的思维方式。事实上,任何一个企业,每天都有大量的数据产生。在成千上万个数据里隐含着规律、隐含着趋势、隐含着大量有价值的信息。问题是谁去负责数据采集,采集的方法是否正确、及时、可靠,采集的数据谁来分析,用什么方法分析,分析的结果谁来重视,谁来采取措施等。这一系列关于数据采集、数据挖掘和统计分析等最基础、最重要的工作一直以来落不到实处。以至于长期以来,在质量管理上还大多凭经验、凭行政命令等传统落后的方式来操作,造成了多数人对统计知识敬而远之。有了这种思维方式和习惯,不要说推行六西格玛管理,就是开展全面质量管理或贯彻 ISO 9000 标准,都不会取得突破性的成果。

毫无疑问,在开展六西格玛管理活动的过程中,需要科学合理地应用大量的数理统计工具。在黑带和绿带的培训中,统计知识是十分重要的基本内容。因为利用统计工具可以对数据进行分析解释,从而可做到以事实为基础进行决策,而不是凭经验、感觉和胆量,这样使得决策的科学性大大增强。与开展 TQM 活动、贯彻 ISO 9000 国际标准相比较,在开展六西格玛管理中统计知识的应用面更广,程度更为深化。

有些领导和员工常常会有这样的疑惑:在实施六西格玛管理时,会不会因为掌握统计知识的难度较高,而无法开展六西格玛管理呢? 其实这种担心与没有深入了解六西格玛管理中的统计知识有关。

统计知识在六西格玛管理中关注的是应用,即针对不同改进项目的特点,具体应用合适的统计工具去解决问题。具备这样的能力并不难,"会开车的人,不必懂造车",因此,不必花精力去掌握统计学中数学公式的推导过程,或者因专有名词和数学细节所困惑。现在市场上有大量的商品统计工具软件,具备一定的数理统计知识和计算机水平,再通过一定的培训,运用统计工具解决实际问题并不是高不可攀的。

在六西格玛管理的推进过程中,对黑带大师、黑带、绿带、经理以及工人的培训内容和要求是不同的,培训的时间安排和掌握统计知识的要求是有差异的。原则是从实际出发,从培养解决具体问题的能力出发,因此不必担心或有所顾虑。如果需要学习更多的统计知识,可参加相应的培训班或通过黑带主管和有关渠道提供帮助和指导,通过学习和复习基本的统计知识,练习使用统计软件,一定能够熟练掌握统计知识。

三、六西格玛管理的推进存在风险,能够规避风险吗

开展六西格玛管理需要一定人财物的投入,所以六西格玛管理的推进应该是机遇和风险并存的。如果推行六西格玛管理在企业内没有获得成功而中途夭折,则企业的巨大投入就成了"学费"。那么,如何将风险降到最低,甚至无风险呢?

要解决这个问题,关键是在开展六西格玛管理之前就做好充分的准备工作,创造必备的条件,同时要防止仓促上阵,以免造成不必要的损失。为此要做好以下几个方面:

1. 必须有坚实的管理基础

要在一个组织内成功推行六西格玛管理,必须具备坚实的管理基础。如果一个企业没有实行全面质量管理而匆忙推行六西格玛管理将承担很大的风险。摩托罗拉作为六西格玛管理的发明者正是在20世纪80年代认真学习日本全面质量管理的基础上,并结合自己的实际情况才创新性地提出了六西格玛管理方法。对于从传统生产工艺发展起来的我国企业,如果尚未通过全面质量管理来建立规范化、科学化的质量管理体系并达到ISO系列标准,是暂不适宜推行六西格玛管理的。

2. 必须具备较高的信息化水平

实施六西格玛项目需要进行大量的数据处理,因此数据采集、数据挖掘和统计分析是最基础、最重要的工作。数据采集的方法是否正确,所采集的数据是否可靠,上传的数据是否及时,数学模型的建立是否达到必要的精度和速度,统计分析的工具是否完备可靠等,这些工作在很大程度上取决于一个单位的信息化建设水平。这也是成功推行六西格玛管理所必须具备的基础条件。

3. 必须取得高层领导的支持

关于这一点前面已多次提到。决策者拥有配置资源的职能和权力,成功推行六西格玛管理的一切企业无一不是在决策者的推动和支持下完成的。摩托罗拉总裁盖尔文正是发现了同类产品中与日本相差很大而逐渐丢失市场的现实,并接受了专业技术人员具有说服力的建议后,才率先启动了六西格玛管理,他号召全体员工为实现六西格玛质量而奋斗,他的这种决心和毅力使摩托罗拉最早实现了六西格玛管理企业的梦想。众所周知,通用电气的CEO韦尔奇更是一位六西格玛管理的楷模,联合信号的博西迪,福特的奈瑟,杜邦的赫利德,我国宝钢的领导人等都是六西格玛管理的强力推行者,他们都是把六西格玛管理当成一项长期战略,而非权宜之计,在他们义无反顾的推动下,六西格玛管理在这些企业已生根、开花和结果。

4. 必须培养和造就一批六西格玛管理的人才

六西格玛管理是一项专业性很强的工作,需要具备各种知识和能力的多路人才联合攻关才能取得成效。除了需要相关的专门技术人才之外,更重要的是要培养和造就一批六西格玛管理的人才,只有拥有掌握了必要知识和技能的一批黑带和绿带才能有目的、有方向、有成效地开展六西格玛管理。

参 考 文 献

[1] 张公绪. 新编质量管理学[M]. 北京:高等教育出版社,1998.
[2] 伍爱. 质量管理学[M]. 广州:暨南大学出版社,1998.
[3] 殷纯永. 质量工程导论[M]. 北京:中国计量出版社,1998.
[4] 廖永平,韩福荣. 工业企业质量管理[M]. 北京:北京工业大学出版社,1999.
[5] 亓四华. 制造质量零废品控制理论与技术的研究[D]. 合肥:合肥工业大学,2001.
[6] 盛宝忠. 对六西格玛管理理论依据的探索[J]. 上海质量,2004(2).
[7] 吴炎太,杨华峰. 6西格玛管理对质量成本理论的挑战[J]. 中国质量,2002(5).
[8] 张驰,文放怀,王绍印. 六西格玛实践[M]. 广州:广东经济出版社,2002.
[9] 国家质量监督检验检疫总局质量管理司. 质量专业理论与实务[M]. 北京:中国人事出版社,2002.
[10] 唐晓芬. 六西格玛质量之旅:管理者读本[M]. 上海:中国标准出版社,2002.
[11] 唐晓芬. 六西格玛核心教程黑带读本[M]. 上海:中国标准出版社,2002.
[12] 唐晓芬. 六西格玛核心教程绿带读本[M]. 上海:中国标准出版社,2002.
[13] 唐晓芬. 六西格玛自由论坛论文汇编[M]. 上海:中国标准出版社,2003.
[14] 何晓群. 六西格玛及其导入指南[M]. 北京:中国人民大学出版社,2003.
[15] 杨跃进,等. 六西格玛管理 成功导入的"路线图"[M]. 北京:中国计量出版社,2003.
[16] 托马斯·派兹德克. 六西格玛手册[M]. 孙静,译. 北京:清华大学出版社,2003.
[17] 马琳. 六西格玛管理[M]. 北京:中国人民大学出版社,2004.
[18] 邵家骏. 质量功能展开[M]. 北京:机械工业出版社,2004.
[19] 唐家驹,刘书庆,程幼明. 质量管理学[M]. 北京:中国计量出版社,2004.
[20] 邓绩. 劣质成本与质量成本[J]. 上海质量,2004.
[21] 马琳. 六西格玛管理[M]. 北京:中国人民大学出版社,2004.
[22] 郎志正. 关于6SIGMA法若干问题的研讨:上[J]. 上海质量,2004.
[23] 郎志正. 关于6SIGMA法若干问题的研讨:下[J]. 上海质量,2004.
[24] 陈俊芳. 质量管理学[M]. 北京:中国标准出版社,2004.
[25] 上海卷烟厂. 减少筒壁粘料,提高烟叶利用[J]. 上海质量,2004.
[26] 邵家骏. 质量功能展开[M]. 北京:机械工业出版社,2004.
[27] 俞明南,丁正平. 质量管理[M]. 大连:大连理工大学出版社,2005.
[28] 魏中龙. 中国企业的六西格玛管理之道[M]. 北京:经济管理出版社,2005.
[29] 李秀,应维云,刘立. CIMS环境下产品质量系统工程[M]. 北京:机械工业出版社,2005.
[30] 董文尧. 质量管理学[M]. 北京:清华大学出版社,2006.
[31] 秦现生. 质量管理学[M]. 北京:科学出版社,2008.

[32] 苏秦.质量管理与可靠性[M].北京:机械工业出版社,2008.
[33] 李明荣.质量管理[M].北京:科学出版社,2008.
[34] 罗国勋.质量工程与管理[M].北京:高等教育出版社,2009.
[35] 芩詠霆.质量管理教程学[M].上海:复旦大学出版社,2010.
[36] 王明贤.现代质量管理[M].北京:清华大学出版社,2011.
[37] 彼得·S·潘迪,罗伯特·P·纽曼.六西格玛管理法[M].北京:机械工业出版社,2015.